中国少数民族人口丛书

翟振武 主编

门巴族

包路芳/著

中国人口出版社
China Population Publishing House
全国百佳出版单位

图书在版编目（CIP）数据

门巴族/包路芳著．—北京：中国人口出版社，2014.3（2022.7重印）
（中国少数民族人口丛书）
ISBN 978-7-5101-1885-2

Ⅰ．①门…　Ⅱ．①包…　Ⅲ．①门巴族一民族文化—中国　Ⅳ．①K286.7

中国版本图书馆 CIP 数据核字（2013）第 167793 号

中国少数民族人口丛书　门巴族
ZHONGGUO SHAOSHU MINZU RENKOU CONGSHU　MENBAZU
翟振武　主编　包路芳　著

责任编辑　魏小玲
美术编辑　刘海刚
责任印制　林　鑫　王艳如
出版发行　中国人口出版社
印　　刷　北京兴星伟业印刷有限公司
开　　本　710 毫米 ×1000 毫米　1/16
印　　张　10.25　插 1
字　　数　137 千字
版　　次　2014 年 3 月第 1 版
印　　次　2022 年 7 月第 2 次印刷
书　　号　ISBN 978-7-5101-1885-2
定　　价　42.00 元

网　　址　www.rkcbs.com.cn
电子信箱　rkcbs@126.com
总编室电话　(010) 83519392
发行部电话　(010) 83510481
传　　真　(010) 83538190
地　　址　北京市西城区广安门南街 80 号中加大厦
邮　　编　100054

序

如果把一个民族比作一颗星星，那我们就是生活在一个繁星满天的世界。当今世界上有约 3000 个民族，分布在 200 多个国家和地区，绝大多数国家由多个民族组成。中国也是同样，是由各族人民共同缔造的统一的多民族国家。在漫漫的历史长河中，生活在中华大地上的各族人民密切往来、交流融合、团结奋斗、休戚与共，形成了一个伟大的强盛的中华民族大家庭，共同开发了祖国的美好河山，共同推动了国家的发展和社会的进步。

在中华民族的大家庭中，有 56 个成员，其中有 55 个是少数民族。新中国成立以来，少数民族人口一直持续增长。1953 年第一次全国人口普查时，少数民族人口总数为 3532 万人，占全国总人口的 6.1%。2010 年进行第六次全国人口普查时，少数民族人口总量达到了 1.14 亿，几乎是 1953 年的 3 倍，占到了全国 13.4 亿人口的 8.5%。各少数民族人口数量相差较大，如壮族有 1693 万人，回族 1059 万人，满族 1039 万人，维吾尔族 1007 万人，而赫哲族只有 5354 人，塔塔尔族 3556 人，独龙族 6930 人。中国各民族的人口分布呈现大散居、小聚居、交错杂居的特点。汉族地区有少数民族聚居，少数民族地区也有汉族居住；许多少数民族既有一块或几块聚居区，又散居全国各地。中国少数民族聚居区大都地广人稀，资源富集。少数民族地区的草原面积，森林和水力资源蕴藏量，以及天然气等基础储量，均超过或接近全国的一半。全国 2.2 万多公里陆地边界线中的 1.9 万公里在民族地区。全国的国家级自然保护区面积中民族地区占到 85％以上，是国家的重要生态屏障。中国各民族的起源和经济、社会、文化的发展有着本土性、多元性、多样性的特点，五彩缤纷，丰富多彩。

要全面认识中华民族，就要从认识每一个民族开始。正是从这个理念出发，我们编写了这套《中国少数民族人口》大型系列丛书，力图从历史、文化、经济、社会等各个方面，用准确、科学、生动的语言，全方位描述和展现各少数民族灿烂辉煌的历史和现状，编织出一幅绚丽多彩的中华民族大家庭的“全家福”。

编写这样一套大型系列丛书，难度非同一般。几经论证和深入研讨，最终形成了编写大纲，这套丛书各个分卷的作者绝大多数由少数民族作家担任，他们不仅熟悉自己民族的历史和文化，而且对本民族有深厚的感情。在国家新闻出版总署、国家人口计生委和中国人口出版社的大力支持下，作者们历经数年，几易其稿，终成此书。值此丛书出版之际，我们衷心地祈愿这幅“全家福”能为民族的交流和团结，为中国的文化建设，为整个中华民族的繁荣昌盛，作出一份微薄的贡献。

翟振武

2012 年 5 月于北京

PREFACE

Every nationality sparkles like a star in the firmament. Now we have about 3000 stars distributed across the world in more than 200 countries, most of which are multinational. So is China, which consists of a number of nationalities. For centuries, all the nationalities have lived together, worked together and fought together, making China a prosperous unified multinational country.

Of all the 56 nationalities in China, 55 are minorities whose population has been increasing since the founding of The People's Republic of China. According to the first census in 1953, the minority population was about 35. 32 million, accounting for 6. 1 percent of China's total population. By 2010, the number had almost tripled. According to the sixth census, the population of the minorities amounted to 114 million, making up 8. 5 percent of the 1. 34 billion people in China. The population size of minority groups varies a lot. Some of them have a large population, for example, the Zhuang Nationality has a population of 16. 93 million; the Hui has 10. 59 million people and the Manchu consists of 10. 39 million people. Some of the minorities are quite small, such as the Hezhe, the Tatar and the Drung nationalities, which have populations of 5354, 3556 and 6930, respectively. China's nationalities live together over vast areas with some living in individual, concentrated communities in small areas.

Some minorities' concentrated communities are scattered among the Hans, and some Han people also live in the minority communities. Some minorities may have one or more concentrated communities, while their people spread all over the country. Most minorities' concentrated communities have their people sparsely distributed in large areas with abundant resources. The grassland, forest, water and natural gas reserves in areas inhabited by minority people account for about half of China's total. Further, 19 000 kilometers of the nation's 22 000-kilometer land boundary are in minorities' communities. In addition, 85 percent of the country's state-level natural reserves are in the minority areas, making the people important guardians of China's ecology. Each of the nationalities' origin is unique, and their development of economy, society and culture is full of variety.

Only by learning every aspect of the minorities' lifestyle can we have a comprehensive understanding of the Chinese nation. Under this notion, we write this series of books on the Population of China's Minorities to provide a detailed picture of our Chinese nation, with the glorious past and prosperous present of the country's minorities.

It is through trials and tribulations that we write this spectacular series of books. Most of the authors, who have profound knowledge of the minorities and wrote the books with their strong emotions, are members of minority groups. With the great support of the National Publication Foundation, the National Population and Family Planning Commission and China Population Publishing House, the authors completed the books after years of unremitting endeavor.

On the publication of this series of books, we are looking forward to seeing these books contribute to the unity of the Chinese nation and help our country flourish in the future.

Zhenwu Zhai

Beijing

May 2012

目录

Contents

综　述

喜马拉雅山南麓的神秘民族

在西藏，流传着这样一首古老的民歌：

布达拉宫顶上，
升起金色太阳。
那不是金色太阳，
是仓央嘉措的光芒。

从这首民歌中也许你很自然地认为仓央嘉措是藏族，其实他就是我们这本书要讲的门巴族。可以说，正是仓央嘉措让更多的人了解了门巴族。仓央嘉措是西藏至高至尊的六世达赖喇嘛，但更让他名扬四海的却是他的《仓央嘉措情歌》。仓央嘉措的情歌脱胎于门巴族民歌，犹如高原上的雪水潺潺流淌，清澈纯净；又有如早晨刚刚开放的杜鹃花，充盈着浓浓的爱意，以其深刻的思想和精湛的艺术为人们世代传颂。仓央嘉措的一生是短暂的，但是他给后人留下了一笔丰厚的文学遗产。也正是门巴的山地原野和醇厚的门巴族文化，养育了仓央嘉措这样一位伟大的诗人。现在就让我一起走进藏南群山峡谷，去认识一下生活在这里的门巴族。

世界之巅的喜马拉雅山脉，被称为世界第三极，这里山势高峻，群峰林立，绵延2400多千米，横亘在西藏的南缘，成为雪域高原的天然屏障。就在藏南群山峡谷当中生活着一个古老神秘的民族——门巴族。在藏语中，“门”是指地势低洼、山谷狭窄、被浓密的森林覆盖之地。“门巴”原是藏族对喜马拉雅山东南部的门隅地区人们的称呼，意为居住在门隅地区的人，后来成为门巴族的自称。门巴族聚居的门隅地处喜马拉雅山脉南麓，山高谷深，历史上被视为神秘的地方，藏语称“白隅吉莫郡”，意为“隐藏的乐园”。早在吐蕃统一西藏前，门巴族就已在这里繁衍生息，今天的门巴族分布在西藏自治区的米林、林芝、隆子和错那等县，还有一部分门巴族因历史上东迁则与珞巴族比邻定居于墨脱，形成了门巴族东西分布的格局。

错那门巴族妇女　（刘芳贤摄）

门巴族的发展史其实就是一部门巴族与藏族、珞巴族交流互动的历史。门巴族因长期居住于山高谷深、森林茂密、与世隔绝的喜马拉雅山区。虽然门巴族的族称从藏文记载的历史看已有1000多年，但由于门巴族自身没有文字，相关的历史文献极少，只能从其他民族的历史记载中寻找蛛丝马迹。

门巴族、珞巴族和藏族都是世代生活于西藏高原的古老民族，大量的神话传说、考古材料和文献史料记载了他们交往联系的悠久历史，揭示出他们之间唇齿相依、血脉相连的密切联系。门巴族由门隅和珞渝的土著群体与来自西藏高原北部的群体相互融合而来。大约在吐蕃

王朝统一西藏诸部以前，门巴族和珞巴族已经形成。门隅和珞渝地区自古就是我国的神圣领土，7 世纪，门隅和珞渝地区归入吐蕃政权治下，门巴族和珞巴族成为吐蕃的属民。从吐蕃王朝开始，藏族与门巴族和珞巴族在政治、经济和文化上的联系不断得到加强。

自吐蕃王朝将门隅和珞渝纳入其管辖范围以来，藏族、门巴族和珞巴族人民便管理、开发和守卫着这块土地。之后，西藏历代统治者不断加强和完善对门、珞地区的治理。特别是进入 17 世纪以后，在清朝中央政府的支持下，西藏地方政府强化封建农奴制统治，设置各级行政机构，推行各种差税制度，对门隅、珞渝以及下察隅行使有效的管辖权。19 世纪中叶，英国殖民主义势力开始了对我国门隅、珞渝和察隅地区的蚕食和入侵，门巴族和珞巴族人民开始了长达 100 多年的反抗外敌渗透和入侵的斗争，为维护国家的主权和领土完整做出了重大贡献。

门巴族属于我国人口较少的民族。由于非法的“麦克马洪线”的分割，尚不能对门巴族总人口进行精确统计，估计约有 4 万多人。① 在 1990 年的第四次全国人口普查统计中，门巴族是我国人口不足万人的 7 个少数民族之一。2000 年第五次全国人口普查数据显示，仅生活在我国实际控制区的门巴族人口为 8923 人。经过 10 年的发展，到了 2010 年第六次人口普查时，门巴族人口达到 10 561 人，首次突破万人大关。

世代居住在喜马拉雅山脉的门巴族，其传统社会和文化具有浓郁的民族和地域特色。门巴族男女地位平等，恋爱和婚姻自由，婚姻和家庭形式具有多样性。传统门巴族家庭以一夫一妻制为主体，兼有少量一妻多夫和一夫多妻制家庭。民主改革后，封建农奴制带来的差役

① 《门巴族简史》编写组，《门巴族简史》修订本编写组．门巴简史．民族出版社，2008：1.

和剥削消失了，一夫一妻制家庭已经满足劳动力的需求，与传统社会形态相适应的婚姻和家庭形式都失去了其存在的必要性。门巴族的婚恋观念和礼俗因而发生了很大的改变，特别是近十几年来，这种变化越来越明显。

在现代文明和传统文化的激烈撞击下，门巴族的宗教信仰和生活习俗发生着深刻变化。门巴族既笃信跳神送鬼的原始宗教，又信仰苯教和藏传佛教。在门巴族的意识中，人的衣食住行、生老病死、丰收歉产和禽畜的兴衰都与鬼神有着密切的联系，形形色色的鬼神无时不影响着他们的生活。人们总希望寻求鬼的宽恕、神的赐福，使自己祛危求安、免灾受益。因而，沟通人与鬼神之间的"使者"——巫师就应运而生了，也形成了各种宗教节日文化。今天虽然原始宗教的影响淡化了许多，但对生活在较为封闭僻远的高山深谷里的门巴族而言，在自然灾害和生老病死面前，这些古老的宗教仪式还在给予他们精神上的某种慰藉。在门巴族社会中，传承了丰富的民间文学遗产，既有神话、传说、故事、诗歌，也有独具特色的门巴戏剧，已被纳入首批国家级非物质文化遗产。

由于历史和自然条件等原因，门巴族生活贫困，生产力水平一直很低，深山峡谷之中的门巴族被周围的高山大川与外界隔绝开来。相对封闭的生活环境和恶劣的交通条件严重阻碍了其经济社会发展的进程。西藏民主改革前，门巴族和珞巴族等西藏边疆民族地区没有一所学校。除了寺院里的极少数僧人外，门巴族的绝大部分群众是文盲。进入封建农奴制社会以后，门巴族基本上全体沦为农奴，成为西藏的藏族封建农奴主及寺院领主剥削和压迫的对象。大多数门巴族居住的地方仍以木制工具为主，采用刀耕火种、轮番休荒的原始耕种方式，狩猎和采集经济占有很大比重。直到 20 世纪 50 年代尚保留着大量的原始公社制的残余，内部贫富悬殊不大，门巴族社会呈现出封建农奴

制与原始村社并存的二重性特征。

1951年西藏和平解放，1959年西藏进行民主改革，彻底废除了统治西藏近千年的封建农奴制度，门巴族、珞巴族和西藏各族人民一起实现了社会发展的历史性飞跃，获得了民族新生。古老的门巴族又是一个年轻的民族，在1964年才经国务院批准成为一个单一民族，跻身中华人民共和国56个民族之列。门巴族被认定为单一的独立民族，是这个地处边陲的弱小民族发展史上的一件影响深远的重大事件，它标志着长期遭受歧视和屈辱历史的终结，是中国共产党的民族不分大小一律平等的民族政策的具体体现。至此，门巴族作为中华民族大家庭中平等一员出现在了中国的政治舞台上，共同建立起团结、互助、平等的社会主义新型民族关系。

改革开放以来，尤其是国家西部大开发战略和“兴边富民行动”的实施，为西藏边疆民族经济社会的快速健康发展提供了难得的机遇。但是门巴族经济和社会发展总体水平还比较落后，贫困问题仍较突出。根据2001年国家民委对门巴族和珞巴族进行的调查显示，其经济社会发展程度远远滞后于全国平均水平，仍是我国经济社会发展水平最低的民族之一。国家领导人胡锦涛、温家宝做出要求加快人口较少民族发展的重要指示，国家和西藏自治区各级政府不断加大对门巴族、珞巴族的扶持力度，门巴族、珞巴族经济社会迎来了发展的黄金时期。

千百年来，在喜马拉雅群山峡谷的“隐藏乐园”，在迷人的“莲花圣地”，门巴族在艰难的生存环境中创造了人与自然和谐共处的生态环境。当今经济全球化浪潮的推动，使生活在喜马拉雅山区原本封闭的门巴族社会与外界的交流愈加频繁。伴随着社会生产力的迅速发展，全民族科学文化水平的不断提高，特别是交通条件的改善和对外联系的扩大，大大增加了门巴人与外界社会和其他民族尤其是藏族、汉族联系的机会。原本深藏于深山峡谷之中的门巴族文化正揭开神秘的面纱，被越来越多的人所熟知。逐渐走出山谷的门巴族人民也在把凝聚祖先无尽智慧结晶的古老文化不断发扬光大，正如这首门巴族民歌所唱的那样：

白鹤啊，
你行云般的尾尖，
伸向那奔腾的娘江水。
祝愿啊，
门巴族昌盛，
绵延似江河水长。

第一章

住在门隅的人

杜鹃从门地飞来，

大地已经苏醒……

世界之巅的喜马拉雅山脉，曾被称为世界第三极，整个山系山势高峻，群峰林立，绵延2400多千米，横亘在西藏的南缘，成为雪域高原的天然屏障。在这里，有一片叫作门隅的地方，居住着我国境内古老的门巴族。在藏语中，“门”是指地势低洼、山谷狭窄、被浓密的森林覆盖之地，“门巴”的意思就是“门隅地方的人”。

第一节　远古的记忆

门巴族是我国人口较少的少数民族之一，由于历史和地理条件等原因，门巴族的历史文化较少为外界所知。事实上，门巴族是居住在西藏高原的古老民族，门巴族的先民很早就生活在青藏高原南部，为开发东喜马拉雅山脉南坡做出很大贡献。其族称从藏文记载的历史看已有一千多年，从遥远的古代起，门巴族和珞巴族就繁衍生息于此，开发、守卫了中国西南边疆这块辽阔而美丽的疆土。由于居住地域的差异和历史上的民族迁徙，各地门巴族还有其他一些称呼，如自称“竹巴”、“勒波”等。1964 年，根据本民族的意愿，正式定名为门巴族。

一、门隅的主人

门隅是门巴族的发祥地，自古以来这里就是门巴族的故乡。这里处于喜马拉雅山脉南麓，山高谷深、道路艰险、交通闭塞，历史上被视为神秘的地方，藏语称“白隅吉莫郡”，意为“隐藏的乐园”。门巴族聚居的门隅地区，历来是我国领土不可分割的一部分。早在 7 世纪，门隅即属我国吐蕃地方政权的版图，先前同藏族有着密切关系的门、珞地区纷纷归属吐蕃王朝，从此成为中华民族大家庭的一员。门巴族和藏族长期友好往来，互通婚姻，在政治、经济、文化、宗教信仰、生活习俗等方面都有十分密切的关系，反映了历史上青藏高原各民族间在迁徙中相互交流、相互融合的过程。

门隅地区在我国实际控制线内只有山南地区错那县勒布办事处的四个措（“措”，相当于现在乡一级行政机构，个别大的“措”与区一级机构相当），门巴族人口约 700 人。勒布区，位于门隅北部，即西藏自治区山南地区错那县西南部，是我国实际控制线内地处门隅的唯一门巴族聚居区。

古代的“门”地，系指西藏南部喜马拉雅山区多雨潮湿、低海拔的森林峡谷地区。现今门隅地区的面积约 1 万多平方千米，其范围北接错那县和隆子县，北部错那县境内的波拉山口是西藏腹地进入门隅的孔道之一，东连珞渝地区，南和印度的阿萨姆平原接壤，西与不丹毗邻；素有“高原孤岛”之称的墨脱县是门巴族另一重要聚居地。墨脱位于门隅的东北方向，古称“白玛岗”，藏语意为“隐藏的莲花圣地”。它处在雅鲁藏布江中下游的山川河谷地带，平均海拔 1200 米，

地势北高南低，四面环山，形似莲花，雅鲁藏布大峡谷贯穿境内。今墨脱县的门巴族并不是祖居于此，200 多年前，一部分门巴族分别从门隅和主隅（今不丹）地区东迁墨脱，形成了门巴族东西分布的格局。

雅鲁藏布江　（庞涛摄）

在西藏境内的门巴族与藏族、珞巴族呈大杂居、小聚居状态的分布格局。据 1982 年全国人口普查统计，我国实际控制线内的门巴族人口是 6248 人。到 1990 年第四次全国人口普查时，门巴族人口已增长为 7475 人，8 年人口增长 19.6%。其中，门隅北部错那县勒布地区有 552 人，约占总人口的 7%；上珞渝的墨脱县有 6064 人，约占总人口的 81%；林芝县有 534 人，约占总人口的 7%；另有 325 人零星分布在米林、乃东、拉萨等县、市或者在内地学习和工作，约占总人口的 5%。到 2000 年第五次全国人口普查时，我国实际控制线内的门巴族人口数量已达 8923 人，仍然是勒布地区所占人口比例较小，只有 553 人，而墨脱、林芝一带分布较多。经过 10 年的发展，到了 2010 年第六次全国人口普查时，门巴族人口达到 10 561 人，首次突破万人大关，成为这个曾经弱小民族历史发展上的一件大事。

二、广为流传的创世传说

门巴族中广为流传着很多有关人类诞生的神话传说，比较著名的创世神话有《猴子变人》和《三兄弟和扎深木》，都是从开天辟地、人类起源开篇的。

关于门巴族的起源，最具代表性的就是《猴子变人》的神话故事。《猴子变人》讲述的是远古时，大地上一片苍茫，没有人类。天地一片混沌，天空没有日月星辰，从天上俯视大地，是一片雾海。天神俯察下界，看到这一片凄凉景象，不禁伤心起来。于是，天神派猴子江求深巴下界，建立人间世界，又派女神扎深木下界，与之结为夫妻，生儿育女。他们的孩子虽然能走路，可都是猴子，长着尾巴，而且浑身是毛。由于他们只会攀岩爬树觅食，不会狩猎，更不会种地，生存遇到了困难。于是猴子上天询问天神，我们的后代都是猴子，怎能建立人间世界呢？于是天神又赐给猴子们鸡爪谷、青稞、玉米等粮食的种子，教给他们撒种，长出了庄稼，从此大地上有了各种粮食。有一天，一只猴子发出人语，在猴群中取得了较高的威信，于是会说话的猴子越来越多。天神又赐给他们火种，从此有了熟食，群猴变成了人，人间世界终于建立起来了。

从这篇神话可以看出，门巴族生活的门隅及其附近地区，在远古时期就有人类群体活动，或许就包含了一部分门巴族的远古先民。《猴子变人》传说与藏族和珞巴族的《猴子变人》故事在内容和情节上都基本相同。在藏文文献《贤者喜宴》中曾记载：“众猴因食谷物而变为人，他们食自然之谷物，穿树叶之衣，在森林中如同野兽一样生活，犹如‘珞’与‘门’（地方之人）那样进行活动，而遍及西藏地区。”①

① 巴卧·祖拉陈瓦著，黄灏摘译．贤者喜宴．西藏民族学院学报，1980（4）．

这里用“珞”与“门”地方的人的现实生活与藏族的原始社会生活进行比较，展示了门巴族和珞巴族先民的原始生活。在门隅达巴八措一带的门巴族中，至今还有戴猴头面具跳“仓姆”舞的习俗。可见，这个传说一定程度上也反映了门巴族祖先曾经经历过从猿进化到人的远古时期。

《三兄弟和扎深木》讲述的是很久以前，雅鲁藏布江江水漫了出来，淹没了整个世界，唯有南迦巴瓦峰还矗立在汪洋的中央，只有一个男孩侥幸活了下来。天神授意女神扎深木同男孩结为夫妻，生下了许多浑身长毛的孩子。他们没有饭吃，没有衣穿，住在山洞里。天神见此情景，送给男孩荞麦种和小刀，男孩学会了种庄稼，用“窝麻”药草的嫩根煮水给孩子洗澡，洗去了孩子身上的毛。因为孩子怕热水烫，就把头伸进洞里躲着，身子露在外面，所以留下来头发。又因孩子紧紧地夹住双臂和双腿，所以留下来腋毛和阴毛。从那以后，世上有了人，并且成了今天这个模样。门巴族的《三兄弟和扎深木》与“猴源说”一样，表达了门巴族对人类社会形成过程的合理想象。

门巴族没有文字，对生活中的重大事件只能口耳相传，在传承过程中不断地添加传授者的主观想象。在研究门巴族历史的时候，可以从各种传说中去探索他们的远古社会的图景，从藏文文献中去搜寻门巴族古代历史发展的痕迹。同时，这些神话传说也激励了门巴族战胜邪恶，坚定信心，追求美好的生活。受历史、经济、社会条件的各种限制，门巴族无法以现实的方式来解释大自然的神奇威力，只能通过想象的方式，创作出种种神话和传说，来表达他们改造大自然，享受美好生活的决心和信心。故事传承越久，传奇和神秘的色彩就越浓。

在门隅北部的勒布区有关门巴族早期活动的传说中，女神和魔女扮演着非常重要的角色。有一个传说讲到，流经门隅地区的娘江曲、章玛曲、波龙曲是三兄弟，一天他们分别从北向南走到堆松会合，约定先到达堆松者即为大哥。娘江曲沿途游逛，耽误了行程。到达斯磨（位于现错那县贡日门巴民族乡的色目村）时，遇到一女妖。女妖告诉他，另外两条河流早三天就到达了堆松，被推为大哥。娘江曲急忙赶路，比另外两条河早三天到达堆松，因此被推为大哥。因为娘江曲是大哥，所以这里的人也特别受到尊重。这个神话传说反映出娘江曲峡谷是门巴族早期的生息繁衍地，其他地方的门巴族正是从此迁移出去的。

还有一个传说《镇压妖女》讲到，在勒布山明水秀的色目村，古代有一百多户门巴族，那时有一个仰卧着的妖女在村里危害人们。于是村民齐心协力，在妖女的脑门上建了一座“辛古寺”，立了一根很高的旗杆，插在妖女的心上。又建四座高塔压住妖女的四肢，从此镇住了妖女。这篇神话剔去宗教的迷雾，仍可感到古代门巴族靠集体的力量，与自然的、社会的敌人进行顽强斗争的精神。

三、“唐蕃会盟碑”的记载

由于藏族同门巴族和珞巴族的关系紧密，许多藏文史籍和文献资料对门巴族和珞巴族以及藏族、门巴族、珞巴族之间的关系都有着详略不同的记载。如《红史》、《德乌教史》、《贤者喜宴》、《门隅教史》、《唐蕃会盟碑》和《敦煌吐蕃历史文书》等。汉文历史文献对门巴族的记载较晚，主要见诸清代，有《卫藏图识》、《西藏志·卫藏通志》、《清实录》以及清末民初的《西南野人归流记》；驻藏大臣的奏牍，如《联豫驻藏奏稿》、《赵尔丰川边奏牍》等。这些文献对门隅、洛渝和察隅的民情风俗以及清末治边情况等都有记述。

根据藏文史籍记载，门巴族的先民很早就在西藏南部的喜马拉雅山区繁衍生息，与藏族和珞巴族等民族长期相处。9世纪初，门巴族称已开始出现在藏文史料中，但由于门巴族人口较少，地处边陲，高山

阻隔，历史上长期以来不为人们所普遍熟知。7世纪，吐蕃王朝的疆域就包括门隅地区。吐蕃势力还未向南部扩展以前，门巴族先民就已生活在吐蕃的南部，有学者把他们称为“孟族”。“孟族”经营畜牧业，以善筑碉堡而闻名。吐蕃为征服“孟族”曾发生过激烈的战斗。有一部分“孟族”被俘虏，成为吐蕃最早的奴隶，一部分战败南迁。[①] 门隅地区成为吐蕃属地，从此，藏族、门巴族、珞巴族在政治、经济和文化上不断加强联系。在这时的“门”地，许多部落分散各地，有的当地头人自称为王，而自身又是吐蕃臣民。因为门隅地区海拔低、气候湿热，在吐蕃时期，有两个王子曾经被流放此地。被吐蕃征服的部落中，也有的被流放“门”地。据记载，吐蕃征服吐谷浑后曾将吐谷浑部分民众迁到这里。9世纪中叶，吐蕃爆发了奴隶和平民起义，推翻了吐蕃奴隶主的统治。由于人民之间的长期交往，加之战乱的流徙，一部分吐谷浑人、藏人及其他外地人和门地土著居民相互融合，逐渐在门隅地区形成了门巴族。

823年，唐朝与吐蕃建于拉萨大昭寺前的“唐蕃会盟碑”是关于门巴族最早的记录。它不仅是藏汉亲密关系的历史见证，也是迄今为止最早发现的门珞民族同藏族关系的文字记录。石碑背面的藏文译文提到：“圣神赞普鹘提悉补野，自天地浑成，入主人间，为大蕃之首领。于雪山高耸之中央，大河奔流之源头，高国洁地，以天神而为人主，伟烈丰功，建万事不拔之基业焉。王曾立教法善律，恩泽广被，内政修明，熟娴谋略，外敌慑服，开疆拓土，权势增盛，永无衰颓。此位的无比雍仲之王威严煊赫，事故，南若门巴……虽均可争胜于疆场，然对圣神赞普之强盛威势及公正法令，莫不畏服附首，彼此环忭而听

① 转引自《门巴族简史》编写组，《门巴族简史》修订本编写组．门巴族简史．民族出版社，2008：10.

命差遣也。"①

这段碑文所叙述的历史，先以神话传说的形式，反映了远古时期鹘提悉补野逐渐发展，成为"人主"的过程。记载的史实，也反映了6～7世纪松赞干布及其父辈囊日论赞时期"开疆拓土"，征服四方，莫不来王的历史。碑文中所指的"门巴"，是藏文文献中对"门"的最早记载。正是吐蕃王囊日论赞、松赞干布开疆拓土、统一西藏，将门隅地区纳入管辖范围。

门巴族先民早在吐蕃统一西藏高原诸部落以前，已经生活在藏南群山峡谷的温暖地带。在记载古代藏族和门巴族关系的藏文文献中，门巴族喇嘛阿旺平措所著《门隅教史》，又名《君民世系起源明灯》，是目前所知唯一一部专门记述门隅历史发展的著作。《门隅教史》中说："南方门地四部之人，系蕃地迁至南方门地者也，日月久远，皆为上述各种姓之后裔。"这些叙述为我们了解和认识门巴族的起源、门隅的古代史以及门巴族、藏族关系提供了珍贵的史料。成书于14世纪中叶的藏文史籍《红史》记载，早在松赞干布（617～650年）时代，"南自珞与门……等均置于吐蕃统治之下"。16世纪中叶的藏文史记《贤者喜宴》中记载："如是……南方之珞与门……等，均被收为属民。"从这些古藏文史料可以看到，门巴

唐蕃会盟碑　（聂鸣摄）

① 《门巴族简史》编写组，《门巴族简史》修订本编写组．门巴族简史．民族出版社，2008：11.

族与藏族和珞巴族在久远的古代就有着紧密的联系，从吐蕃王朝开始，藏族与门巴族和珞巴族在政治、经济和文化上的联系不断得到加强。此后，藏族和门巴族、珞巴族两族的人民交往不断发展，西藏的生产生活方式以及行政管理体制对两地也产生重大影响。

第二节　神秘的群山峡谷

门隅地区大部分位于喜马拉雅山脉南坡，面积约 1 万平方千米。墨脱县地处喜马拉雅山脉群峰的峡谷中，面积也约 1 万平方千米。这两个地区景色壮丽、资源丰富，但因交通闭塞，不为外界所熟知，历史上被视为神秘的地方。西藏佛教徒称门隅为“隐藏的乐园”，称墨脱地区为“隐藏着的莲花圣地”，两地的自然环境也各具特色。

一、隐藏的乐园

世界屋脊喜马拉雅山南麓的门隅地区，峰山重叠，山脉由北向南纵列，地势北高南低，海拔由 4000 米陡然降到 2300 米。门隅北部全年气候温和、雨量充足、夏无酷暑、冬无严寒，属山地温带气候。北部河谷比较开阔，包括勒布至达旺的广大地区，有娘母曲江、达旺曲江两条河流经此地，是主要农业区。门隅自古就是我国西藏去往印度、不丹的必经之路，作为门巴族世居地之一的娘江曲河谷山高林密，谷深流急，形成了门巴族以高山农牧业为主的经济生活方式。娘江曲河谷又是西藏南部通向南亚的重要通路之一，南来北往的商客僧侣将外来文化带到这里，使门巴族文化从其产生之时就受到异民族文化的影响。历史上的门隅包括娘江曲河谷的勒布及现在的达旺地区等，著名的达旺寺就坐落在北部达旺河谷地带。达旺曾是门隅政治、经济、宗教和文化中心，气候温和、景色优美、物产丰富，被门巴族誉为美丽的"松耳石盘子"。过去西藏地方政府和错那宗常派官员到此居住。北部高原犹如一道天然屏障，将来自南方的湿润气候阻挡在峡谷之中，形成每年6～10月的雨季。时到深秋，天气开始变冷的时候，形成了以波拉山口为界的南北迥异的气候。隆冬时节，高原上已是冰天雪地、寒风凛冽，而河谷地带仍是山青水碧，杜鹃花盛开，春意盎然。门隅南部包括申隔宗、德让宗和打陇宗，卡门河的支流比琼河、登卡河流经此地。这里夏季炎热潮湿，蚊蚋丛生。冬季无霜冰，最低气温在10℃左右，属山地热带和亚热带气候。农作物主要有水稻、旱稻、玉米、荞麦、青稞、小麦等，一年可收获两三次。

门隅地区资源丰富，从北到南森林密布。北部多松、柏、桦、杉、青冈和"称巴树"，其中"称巴树"木质坚硬细密，有花纹，略散馨香，是寺院雕刻印经版的绝好原料；南部多经济林木，如樟树、漆树、梧桐、橡胶、茶树、桑树、棕榈等，竹林覆盖全境。果木也十分丰富，包括芭蕉、柑橘、核桃及多种时令水果。门隅的药材种类也很多，从高海拔地区的雪莲、虫草、三七、天麻、仙鹤草、蛇根草、灵芝、贝母，到低海拔地区的沉香、苦楝、丁香、水杨梅、五味子等都有生长。在这里，被列为国家珍稀保护植物的有十余种。深山密林中，珍禽异兽有虎、豺、熊、小熊猫、野牛、獐、鹿等，还有成群的猴子和野猪出没，林中有孔雀、鹦鹉、杜鹃、八哥等飞禽栖息。

二、迷人的莲花圣地

墨脱古称白玛岗，藏语意为"隐藏着的莲花圣地"，这里四周环山，犹如盛开的莲花。相传，早在8世纪，佛教大师莲花生曾来到这里弘法月余，称颂这里是"莲花圣地"。莲花生大师说，世上有隐秘圣境16处，最大之处为白玛岗。又因为这里是一块封闭的天地，所以在大藏经《甘珠尔》中，称这里是"佛之净土"。历史上这里曾为众多的

佛教徒所向往，把一生中能去一次白玛岗视为最大幸事。19 世纪末，白玛岗地区设墨脱宗，从此易名为“墨脱”（藏语“花儿”的意思）。18 世纪，有部分门巴族因不堪西藏封建农奴主的剥削与压迫，抱着对“莲花圣地”的宗教幻想，东迁墨脱，逐渐形成门巴族的另一主要聚居地。墨脱在门隅东北方，地处喜马拉雅山脉东段的最高峰——南迦巴瓦峰的南坡，雅鲁藏布江由东北折向西南，贯穿全境，形成数百里长的大峡谷。北部有多雄拉、金珠拉、呷龙拉和遂拉等山口，海拔均在 5000 米左右，是米林、林芝、波密和察隅进入墨脱的必经之路。沿雅鲁藏布江向南，则直通下珞渝。著名的世界第一大峡谷——雅鲁藏布大峡谷，保持着原始的生态环境，享有天然博物馆的美誉。

墨脱的这种宗教神秘色彩直接渗透到门巴人的灵魂。在民间传说中，白玛岗是女神多吉帕姆的化身，墨脱地形就是女神多吉帕姆仰天平卧的圣体。耸立在雅鲁藏布江大拐弯处的那座白云缭绕难以一睹风姿的南迦巴瓦雪峰，就是这位女神俊俏的容颜；东部一带密布的森林和地势平缓的沃土，是她柔软的腹部；修竹遍野、江水碧蓝的仰桑河流域，是她的下身。总之，墨脱的所有山山水水，都是这位女神躯体的组成部分。数百年来，神秘的墨脱吸引着众多的善男信女。到了近现代，这里独特的自然景观和人文景观，又成为著名的考察探险宝地。清朝末年，在墨脱安国定边的清兵首领刘赞廷在《西南野人归流记》中曾这样描述墨脱高山峡谷的亚热带雨林：“森林弥漫数千里，花木遍山，藤萝为桥，诚为世外之桃园。”

三、墨脱雅鲁藏布江大拐弯景色

墨脱是雅鲁藏布大峡谷的核心区域，可以说是西藏最具神秘性的地方之一。这里层峦叠嶂、峡谷纵横，地形十分险要，交通不便，外族人很少能涉足此地。墨脱县一直是全国唯一不通公路的行政建制县，从这片绿色中走出去的人不多，走进来的人更少，几乎与外界半隔绝，从某种意义上来说还保持着原始状态。20世纪30年代，英国植物学家华金栋前往墨脱大峡谷探险，在白马狗熊一带的江面上发现了一个壮丽的瀑布，每逢碧日蓝天，飞瀑蒸腾，形成无数七色彩霞，因此被誉为"彩虹瀑布"。到了70年代，中国科学院对墨脱进行了多次大规模考察，全面详细地研究了墨脱的自然生态环境，有许多重要发现。经探测，围绕南迦巴瓦峰的雅鲁藏布大峡谷，无论在深度还是长度上都居世界第一，以其无与伦比的雄伟峻峭和壮丽风貌受到外界青睐，令美国科罗拉多大峡谷和秘鲁的科尔卡大峡谷自叹不如。1998年，中国科学院等单位联合组成的科学探险考察队首次实现人类徒步穿越雅鲁藏布大峡谷的壮举，证实该峡谷是世界上生物多样性最丰富的山地。随着对墨脱县及其相邻地区自然科学考察的深入，大峡谷的奥秘逐步揭开。

墨脱的地势也是北高南低，由北部高山海拔5000余米降至南部深谷海拔500余米，河床地由北部海拔2800米下降到500米。墨脱的气候随海拔高度的不同而变化，从寒带到热带均有分布。门巴族居住的河谷地带属热带和亚热带气候，年平均气温在20℃以上，年降水量高达2000毫米左右，夏季很少有晴朗无雨的天气。由于得天独厚的地理条件和气候条件，墨脱的资源和物产十分丰富。森林覆盖率高达70%，被誉为西藏的"西双版纳"。珍稀动植物众多，原始风貌犹存，生态自成体系，现已被列为国家级自然保护区，同时被誉为天然动物园和世界生物基因库。

据初步统计，在自然保护区内，仅高等植物就有3000余种，其中珍稀植物10余类，地球上每百种植物中就有2～3种分布于此，集中了西藏植物种类的63%。色彩斑斓的植物王国为各类野生动物的繁衍生息提供了天然条件，已发现野生动物数百种，其中哺乳动物60种，

翻越多雄拉山　（庞涛摄）

约占西藏总数的一半。属国家重点保护的有 42 种，主要有孟加拉虎、羚羊、长尾灰叶猴、云豹、大犀鸟、楠木、樟木、乌木、铁杉、红豆杉等多种珍稀动植物，其中木沙椤有天然活化石之称。大型真菌就有 500 多种，占我国已知大型真菌的 60%，最珍贵的獐子菌、猴头菌、灵芝菌都生长于此。此外，还有千余种昆虫。中药材资源也十分丰富，主要的药材有虫草、雪莲、三七、天麻、灵芝等。墨脱还是西藏竹子生长最为茂密、品种最多的地区。墨脱的水能资源约有 7000 万千瓦以上，约占全国水能蕴藏量的 1/10 以上。境内的矿产资源仍是未普查的处女地，仅裸露地表已被发现的就有铁、云母、皂石等。神奇的墨脱无愧是众多植物学家、动物学家、地质学家、气象学家、昆虫学家、人文社会科学家们梦寐以求的考察之地，尚有许多空白等待我们去挖掘。

第三节　寻找极乐胜境

门巴族世居门隅，而在离门隅遥远的东部墨脱，也居住着许多门巴族。为什么门巴族要背井离乡、千里迢迢东迁墨脱呢？

一、东迁英雄传

今墨脱县及其附近地区的门巴族并不是祖居于此，他们是 18 世纪从西藏古代所属的竹隅（今不丹）和今日门隅西部迁徙而来的，距今约 250 多年了。“隐藏着的莲花圣地”墨脱，是藏传佛教徒向往的地方，“佛之净土白玛岗，圣地之中最殊胜”，墨脱这个受到信徒顶礼膜拜的圣地，给众多西藏人的心灵播下了无限的诱惑。早在 18 世纪前期，门巴族居住的门隅和竹隅地区乌拉差役十分繁重，又遭受强烈地震等自然灾害的袭击，因此，一部分门巴族被迫跋山涉水、逃亡东迁。

门巴族中流传着这样一个传说：“哥哥支乌拉刚回来，喘息未定，弟弟接过背篓又去支乌拉了。为了缴纳租税，妇女夜以继日地织布，照明所用的油松烧成的灰烬都可以堆成小山了，可是织出的布还是不够交差。”

沉重的乌拉负担下，许多人家破人亡、流离失所，门巴人渴望一个没有压迫、没有剥削的去处。而传说中的白玛岗就是一个“不种青稞有糌粑，不养牦牛有酥油，不修房子有房住”的好地方。佛教徒又说，白玛岗是“莲花圣地”，那里不支乌拉、不交差，是人们想象中的仙境。关于白玛岗的美妙传说传遍了西藏各地，也传到了竹隅和西部门隅，给绝望中的门巴族带来了新希望。于是，引来了门巴族数代人辛酸悲壮的大迁徙，上演了一场惊心动魄的东归英雄传。

墨脱之路　（庞涛摄）

至今在门巴族中还流传着这样一首古老的歌谣：“要是我一个人，早就到那白玛岗。老老小小一家人，哪有逃走的希望。”农奴逃亡就是对领主的反抗，一旦被抓住，就有杀身之祸。门隅离白玛岗远隔千山万水，要在喜马拉雅山区的崇山峻岭中长途跋涉，他们面对的将是悬崖绝壁、激流险滩、密林深涧、毒蛇猛兽。但这一切并没有吓倒门巴人，一百多年前，六户门巴人从门隅东迁，凭借着勇敢、智慧和对净土的向往，经过千辛万苦的生死抗争，终于到达白玛岗定居下来。随后的一个世纪里，门隅地区的门巴人形成了东迁的潮流。

门巴族东迁的过程流传下很多动人故事。传说第一批进入白玛岗的，就是今墨脱县的“门堆朱巴”（“门堆”是地名，“朱巴”是藏语，意为六户）。他们是竹隅门堆村的尖扎、冬德尔、开玛（女）、降措、朱米和铁匠所巴多吉共六户门巴族。他们在逃亡过程中抗击追兵，历经千辛万苦，从德阳山口来到了下珞渝的更邦拉山，又沿雅鲁藏布江溯流而上，到了班戈的格波西日，受到当地珞巴族的阻拦。门巴族将自己珍贵的珠子分给珞巴族，才顺利通过格波西日。到了吉多村，这里的珞巴族又不让通行。六户门巴人向珞巴人显示了自己的“武功”：冬德尔表演了“利刀砍石”，他用刀对准一块坚硬的大石，一刀砍去，石劈两半；开玛表演了“拐棍入地”，她紧握拐棍的上端，用足力气，使劲一插，拐棍完全插入地里。珞巴族大为惊骇，于是不再阻拦。六户门巴人来到墨脱村附近，向当地的珞巴族说明来意，并送给礼物，向珞巴族头人借到了耕种的土地和山林，形成了门巴族在墨脱最初的居民点，称为“门仲”，即门巴的村庄。①

还有一个传说讲到，第一批东迁墨脱的是门隅的六户门巴人，他们是东江、江措、多吉、桑珠、赤列和扎西朗杰。他们携家带口，逃脱了土王的围追堵截，翻越了一座座高山，蹚过了一道道激流，战胜了洪水猛兽，历尽千辛万苦，最后翻过德阳山口，沿雅鲁藏布江溯流而上，终于到了白玛岗的东波地方，即今天墨脱县政府所在地墨脱村附近。六户门巴人的东迁掀开了门巴族大规模迁徙的序幕。不久，100 多户门巴族在贾班达哥的带领下，集体迁往墨脱。门巴人的大量逃亡，引起了领主的极大恐慌，便派兵追赶。贾班达哥率领青壮年奋力回击，打退了追兵，后来贾班达哥受重伤后英勇牺牲。门巴人继续东迁，有不少人饿死、冻死或是摔死在迁徙途中。他们到达白玛岗后，沿用了一些原来的村名和地名，如地东、德尔工等。以后，门隅地区又有数批门巴人陆续集体东迁白玛岗。百余年间，形成了一股门巴族向东迁徙的潮流，最早迁入的距今已有十代人，最晚迁入的距今已有六代人，定居在白玛岗地区雅鲁藏布江沿岸。

二、门、珞好兄弟

在门巴族东迁以前，白玛岗是珞巴族聚居的地方，故有“珞渝”之称。门巴族东迁白玛岗初期，受到了善良好客的珞巴族的同情和友

---

① 《门巴族简史》编写组，《门巴族简史》修订本编写组．门巴族简史．民族出版社，2008：37.

好接待。珞巴人提供猎场给门巴人狩猎，让出耕地由门巴人耕种。一开始，门巴族和珞巴族还能和睦相处，关系融洽。然而，随着门巴族持续不断地迁入，人口数量不断增加，占据的山林、猎场和耕地越来越多，直接影响到了珞巴族的经济利益，于是矛盾就产生了。

门巴族本是一个农耕民族，有较先进的耕种技术，生产力水平高于珞巴族，会打制铁器和制作各种铁质工具；珞巴族则以狩猎和采集为主，兼营粗放的原始农业，使用的是骨制和木制工具。门巴族的生产生活水平明显高于当地的珞巴族，逐渐引起珞巴人的不满。珞巴人开始限制门巴人的狩猎和耕种范围，后又要求对方按照珞巴族习惯交纳一定的实物。门巴人接受了这一要求，于是门巴族和珞巴族人在经济利益上的矛盾得到一定程度上的缓和。

另外，自门巴族迁入墨脱后，由于宗教信仰不同也产生了矛盾，导致了门、珞历史上大规模的纷争和械斗。

面对无休止的械斗和由此带来的伤亡，门巴族和珞巴族老百姓日益反感和厌倦，希望能重归于好。退守白玛岗南部的珞巴族按照习惯派了一位女性长者摇着树枝到门巴族居住地讲和，并邀请门巴族代表到他们村庄做客，门巴族代表返回时又邀请珞巴族代表到自己住地做客。互相以礼相待，都表示愿意结束纷争，和平共处。最后，械斗双方派代表在地东村进行谈判，双方确定以仰桑曲河为界，以南为珞巴族居住地，以北主要为门巴族居住地。双方达成协议后，歃血为盟、灵石为证，发誓门、珞两族世代友好。如果门巴族违约，就返回门隅祖籍；若珞巴族违约，则回到最初居住的山洞。从此，门巴族和珞巴族恢复友好往来，和睦相处至今。

波密土王利用门、珞械斗将白玛岗纳入了自己的势力范围。土王在地东村建宗政府（“宗”相当于县一级行政机构）管理白玛岗的门巴族事务，先后任命了11位宗本，任宗本者多为门巴族。在仰桑曲河流域珞巴族居住地建嘎朗央宗，管理珞渝的珞巴族事务，先后任命了8位宗本，任宗本者多为珞巴族。后来，波密土王同西藏地方政府爆发战争，土王战败，波密地方的割据势力覆灭。自此，白玛岗地区由西藏地方政府统辖，改地东宗为墨脱宗，改嘎朗央宗为达岗措，直至西藏和平解放。

第二章

我爱我的家乡

门隅地区是门巴族的发祥地。7世纪，吐蕃王朝的疆域就包括门隅地区。长期以来，在吐蕃奴隶制和继后的封建农奴制的统治下，门巴族和藏族政治、文化交流不断加强。有一首门巴族民歌是这样深情地赞美家乡的："圣洁如塔巴山上的净水，永久如鲁堆多吉的露珠……"19世纪初，英帝国主义不断侵犯我国西藏边疆，门巴族人民与英帝国主义侵略者进行了长期不懈的斗争，为保卫祖国边疆的神圣领土做出了重大贡献。

第一节　西藏地方政府的管理

西藏民主改革前的门巴族社会，是封建农奴制与原始村社并存的一种复合社会形态，这是门巴族传统社会形态的基本特征。[①]

一、封建农奴制与原始村社并存

门巴族聚居区地处西藏边陲僻地，喜马拉雅山脉的崇山峻岭将门

---

① 关东升．中国民族文化大观·藏族、门巴族、珞巴族．中国大百科全书出版社，1995：375.

巴族与外界重重阻隔，长期的封闭使门巴族经济社会发展十分缓慢。门巴族传统社会呈现的是二重性特征，即封建农奴制统治与门巴族原始村社组织同时并存。一方面，门巴族内部的社会结构是原始社会末期的农村公社，地缘组织的村社取代了血缘组织和氏族，生产资料的村社公有制取代了氏族公有制，并与普遍存在的个体家庭私有制并存，村社成员内部贫富差别不大，没有等级划分和阶级对抗。直至 20 世纪 50 年代，门巴族社会还保留着较多的原始公社制残余。另一方面，在外部关系上，早在 7 世纪时，门巴族全体成员就沦为吐蕃王朝的奴隶，自 13 世纪始，整个门巴族又成为封建农奴制统治下的农奴。西藏官家、寺院和贵族三大领主占有门巴族主要的生产资料和部分人身自由，三大领主和门巴族之间的关系是占有和被占有的关系。领主是领地范围内的生产资料如土地、山林、草场、河流的最高所有者，领地范围内的门巴族全体民众是领主的农奴。

在元朝统一中国的历史进程中，门隅地区与西藏一同纳入中央王朝的版图。自 14 世纪竹巴噶举派确立了对门隅地区的统治后，封建农奴制度的生产方式逐渐渗入门巴族社会。到 16～17 世纪的明清时代，西藏地方政府进一步调整对门隅和珞渝的管理策略，通过设立宗、措、乃等行政组织和代理人对门隅和珞渝地区实行有效的管理。17 世纪，门巴族社会已进入封建农奴制社会，成为西藏地方政府统治下的全西藏不可分割的一部分。黄教兴起后，在门隅地区建立宗本衙门，扩建达旺寺，开始了政教合一的统治。门巴族社会同藏区一样，西藏地方政府、贵族和寺院三大领主占有门巴族地区的绝大部分土地、山林、草场等，门巴族人民大部分是他们的农奴和奴隶。西藏封建农奴主土地所有制是门巴族社会土地制度的基本形式，门巴族地区的土地、森林和草场等生产资料都归西藏地方政府所占有。西藏地方政府向门巴族地区派遣官吏，设置行政机构，向寺院和世俗贵族封赠土地和农奴，

形成了官家、寺院和贵族三大领主对门巴族地区生产资料的绝对占有和对门巴族农奴人身的不完全占有关系。

以门隅地区为例，从19世纪中叶开始，清朝驻藏大臣和西藏地方政府为加强对门隅地区的统治，除派两名“拉涅”（管事）监督管理该地区事务外，并授予错那宗和达旺寺以管理门隅地区的实权。门隅北部的勒布四个措，离宗政府最近，成为政府官员统治和管理最为严密的地区。以宗政府为首的三大领主把占有的土地分割成若干块份地，分给有劳动力的门巴族农奴耕种，同时向门巴农奴收取以实物和徭役为主的地租。在门巴族社会中，封建农奴主利用原始村社形式来推行封建农奴制，逐渐将封建农奴制与门巴族的原始村社结合起来。

在门巴族社会，农奴主多数是藏族，农奴几乎全部是门巴族，农奴主包括宗本、“粗巴（税官）”、上层喇嘛和世俗贵族，他们人数极少，但权力很大，掌握着社会绝大部分的生产资料，具有多种封建特权，是门巴族社会的统治者。这种门巴族内部单一的农奴阶级同藏族内部森严的等级和不同的阶级构成存在很大差异。

为什么门巴族内部阶级分化不明显呢？当门巴族的社会还停留在原始社会末期村社组织的阶段时，来自藏族地区的封建农奴制社会的影响，使门巴族在自身的社会发展很不充分的情况下被封建化了。由于藏族社会的农奴制在门巴族的不同地区统治程度有强有弱，因而残留的门巴族固有社会的痕迹在不同地区也有所差别。门隅北部的勒布区，其社会制度与藏族的农奴制度已经完全一样，而在墨脱宗，村社的组织形式还保留的比较多，相对而言，这个地区所受的农奴制度的统治比较薄弱，所以在生产关系方面表现出二重性：人们既是“自由”的村社成员，又是依附于领主的农奴；山林、荒地既是村社“公有的”，又是封建领主的领地；耕地既是村社成员自己占有的土地，又是

领主给农奴的份地。①

门巴族在历史上是一个受欺压的弱小民族，既遭受封建领主制的压迫与剥削，还深受民族歧视与压迫。同广大藏族农奴一样，门巴族农奴按其经济地位高低划分，可分为差巴、堆穷、约布三个等级。差巴在墨脱地区，意为交纳租税的人，在农奴中占很大比例，按规矩领种领主的份地，为领主支应繁重的乌拉差役，还要向领主缴酥油、木材、染料、木炭等实物和藏币。

据初步统计，种有差地的每户农奴一年平均在外承担劳役累计支出劳动日 120～130 个。从墨脱到工布地区，从门隅到错那宗，夏秋时节北部山口冰雪融化，长途运输和短途的转运队伍络绎不绝。运送的物资有的是宗政府收的地租，这些实物都要由交租税的农奴运输到领主指定的地方；有的是宗本或其他来自藏地的官员私人的财物，其中包括这些官员到门隅兼营商业，运去的商品和换回的土特产品。②

堆穷的人数比差巴少，地位低于差巴，租种大差巴的小片土地，或做帮工、干杂活，从事副业和手工生产；约布即家庭佣人，人数很少，只存在于墨脱地区，他们无独立经济，多是单身一人在主人家干活，依附于主人。门巴族农奴不堪忍受三大领主的压榨，曾多次以破坏运输、拒支乌拉、抗捐逃亡等方式进行反抗。

勒布地区的一首门巴族民歌唱出了在封建领主制和大民族主义双重压迫下，弱小民族的悲愤之情：

不思不想糊涂过，
思前想后悲愈多。
门巴当牛又做马，

---

① 张江华．门巴族．民族出版社，1997：50.
② 张江华．门巴族．民族出版社，1997：54.

将那苦水当酒喝。

门巴族农奴中曾传唱一首叫作《逃亡》的民歌，叙述了一个挣脱奴役枷锁的农奴在逃亡路上甩掉痛苦后的欢快情景。

多萨水比美酒还香，
波拉山比平地还平，
包袱越背越轻，
背着包袱不想停。
我向着白鸡山跑，
越过重峦人不知，
越过千壑鬼不晓。

封建农奴制度一直是阻碍门巴族社会生产力发展的桎梏，使门巴族落后的生产水平年复一年地在原有基础上重复，长期处于停滞的状态。直到西藏民主改革结束了封建农奴制度，门巴族的社会生产力才得到解放和发展。

二、达旺寺的扩建与政教合一制的确立

最早到门隅地区传播藏传佛教的是宁玛派高僧乌金桑布。乌金桑布到门隅时，与当地土王之女多吉宗巴成婚，建立了乌金林、桑吉林、措吉林三座宁玛派寺庙。当地百姓皈依佛法，把原嘎隆旺波土王王宫所在地满扎冈改为达旺，后来建立了达旺寺。蒙古太宗窝阔台第二子阔端于1239年派大将多达那波率军入藏，门隅地区处在蒙古统治之下。1247年，萨迦派取得了在西藏，包括对门隅地区的统治权。忽必烈称帝后，设立总制院，封八思巴为国师，兼领总制院事务，管理全

国佛教和藏族地区行政事务。门隅在萨迦地方政权的治理之下，成为元帝国的一个行政区域。藏传佛教噶举派是统治门巴族地区时间最长、影响最大的教派。直到1642年，噶举派政权被格鲁派推翻。17世纪中叶，信奉黄教的和硕特部蒙古的首领固始汗，于1642年摧毁第悉藏巴汗政权，统治了绝大部分藏族地区。顺治年间，五世达赖派他的门徒门巴族喇嘛梅惹·洛珠嘉措担任门隅的政教首领，管理门隅的政教事务。五世达赖喇嘛选派门巴族喇嘛到门隅传教和管理，是一个明智举措，由本民族来管理本民族地区的事务，能收到更好的效果。梅惹喇嘛扩大了藏传佛教在门隅地区的影响，强化了五世达赖对门隅的政教统治。

索卡尔娃是17世纪中期门隅地方的部落首领，他在当地威望很高。梅惹喇嘛到达门隅后，得到索卡尔娃和门巴族百姓的热烈欢迎。传说索卡尔娃下令百姓，每户献一个鸡蛋，以表崇奉之心，得鸡蛋3000个，故查得门隅户口为3000户。[①] 索卡尔瓦积极配合梅惹喇嘛施政，有力地支持了西藏地方政府，维护了民族的团结和西藏的统一。1656年，西藏又派两名行政官员为“拉涅”（总管），协助梅惹喇嘛管理门隅行政事务，对门隅地区归属西藏做出了积极的贡献。

1660年，五世达赖命梅惹喇嘛将宁玛派寺院达旺寺改宗、扩建为格鲁派寺院。达旺寺建成后，五世达赖喇嘛和西藏地方政府赋予达旺寺很多特权，如委派下级官员，征收赋税，实行“僧差制度”，会同政府官员管理门隅等。为了扩大达旺寺的影响，加强对门隅的政教统治，五世达赖于1680年亲自委任达旺寺的官员，还拨出粮物款项资助达旺寺法会。达旺寺的改宗和扩建，标志着以达赖喇嘛为首的、新兴的格鲁派政教势力已经完全控制了门隅地区，其他教派的势力退居次要地位。达旺寺在和平环境下，主要是宗教活动的场所，一旦发生战乱，

---

① 《门巴族简史》编写组，《门巴族简史》修订本编写组．门巴族简史．民族出版社，2008：23.

它则体现出政权机构的作用。

三、设立行政机构

18 世纪初，西藏地方政府在原管理措施的基础上，进一步加强了对门隅的行政管理体制，强化对门隅的封建农奴制统治。在行政区划和建制上，按照不同地域地理位置和传统习惯，参照西藏其他地方实行的行政区划制度，将门隅地区划分为 32 个“措”或“定”。“措”或“定”相当于乡一级的行政机构，由措本、定本负责。经过梅惹喇嘛等僧俗官员二十多年的努力，西藏地方政权在门隅政教合一的统治得到进一步确立。

由于门隅地区是通往印度阿萨姆平原和连接不丹的传统商道，位置极为重要。五世达赖除加强对门隅的统治外，还将六世达赖（仓央嘉措）选择在门巴族中转世。18 世纪初，西藏地方政府在达旺设立了“达旺细哲”，作为专门管理门隅地区 32 个“措”和处理日常事务的行政机构。“细哲”是“四联”之意，指四个方面的代表组成的联合组织，即四方面行政管理会议。这四个方面是：西藏地方政府派往门隅的拉涅一僧一俗，各代表一方，哲蚌寺罗色林札仓所派的达旺寺堪布代表一方，达旺寺内部札仓会议代表一方。在这四方代表中，拉涅是起主要作用的。1853 年，在“达旺细哲”基础上，组成“达旺住哲”更高一级的行政管理会议，作为常设机构，负责解决“达旺细哲”解决不了的问题。在“达旺住哲”基础上还设立了非常设的“达旺顿哲”会议来管理贸易，设立非常设的“达旺谷哲”管理措与措、村与村的纠纷。当遇到最紧急的事关整个门隅地区利害关系的重大事件时，“达旺住哲”会同门隅各部头人组成“达旺塔措”会议①。

① 《门巴族简史》编写组，《门巴族简史》修订本编写组．门巴族简史．民族出版社，2008：32.

以上不同层次的常设和非常设的机构和会议，发挥着各自的行政管理职能。“拉涅”作为门隅地区的总管，在各个层次的机构中都起着主要作用。若遇到不能决定的重大事件，则禀报西藏地方政府和驻藏大臣处理。“达旺住哲”的管理机构一直有效地行使着管理权。门隅划分32个“措”和“定”以后，一般都有措本和定本的设置，还在各村安排1～2名根保，成为门巴族村落的村长兼头人，门巴族根保的产生还保留着原始民主的某些特点。门隅地区的基层行政机构，除了原有的32个“措”、“定”之外，在这之上还划分为四个宗，即降喀宗、申隔宗、德让宗和打陇宗。门隅没有统一的武装组织，西藏地方政府一般不派驻军，但每个村有一定的自卫组织，遇到纠纷械斗，每户出人，自带武器和口粮参加。

墨脱宗在20世纪30年代之前是在波密土王的管辖之下。从门巴族和藏族中派出宗本，宗下设措、定，措有措本，定有定本，相当于乡级行政区划的乡长。措下有村，设“学本”，即村长。无论在门隅还是墨脱，封建农奴制的统治不断得以强化。

第二节　我们的太阳升起来了

1951年，西藏获得和平解放，党和人民政府派工作队深入门巴族地区访贫问苦，帮助发展生产。1959年，门巴族人民和藏族人民一道，支援中国人民解放军平息了西藏上层反动分子发动的叛乱，实行了民主改革（西藏大部分地区的民主改革是1959年开始，但墨脱县情况比较特殊，于1967年1月开始试点，分三批进行，于1968年6月完成）。统治西藏地方近千年的封建农奴制度被彻底废除，门巴族和西藏各族人民一起，实现了社会发展的历史性飞跃。

一、翻身农奴把歌唱

西藏和平解放后的最初几年，共产党派出武装工作队，先后到错那宗和墨脱宗的门巴族聚居区，宣传中国共产党的民族政策，开展统一战线工作，组织上层爱国人士到内地参观，选派门巴族青年到北京等地学习。至1959年民主改革以前，原有的封建农奴制和旧的西藏地方各级政权依然存在，门巴族农奴还要承担封建领主的差赋和乌拉。工作队在可能的情况下，尽量帮助农奴减轻负担。在墨脱宗，按照传统的办法，宗政府代表色拉寺向门巴农奴征收的差赋（多是实物），都要农奴们徒步背运到喜马拉雅山北坡，往返一次需要十多天时间，然后再由藏族农奴支乌拉转运到拉萨。驻墨脱的工作队所需的物资，又要靠长途运输背进墨脱宗。为了减轻农奴们长途运输的负担，工作队提出了一个两全其美的办法，凡墨脱宗农奴要交工布地区的粮食，可以直接交给工作队，领主差赋粮由工作队开具证明到拉萨有关部门拨给。这样就减轻了农奴的运输负担，受到墨脱各级群众的拥护。通过一系列工作，增进了门巴族对祖国的了解，培养了一批门巴族干部，为人民政府的建立奠定了思想基础和组织基础。

1959年，西藏封建农奴主阶级中的少数反动分子发动武装叛乱，中国人民解放军在西藏各民族人民的支持下平息了叛乱。中华人民共和国国务院宣布解散了原西藏地方政府，紧接着进行民主改革，废除了西藏地方封建农奴制度。民主改革结束了门巴族当牛做马的历史，开创了门巴族政治、文化、社会生活的新时代。门巴族人民和西藏各族人民一道，实现了社会发展的历史性飞跃。

门巴族的翻身解放，首先表现在门巴族在政治上的当家做主。1959年7月，随着平叛和民主改革的推进，门巴族和珞巴族主要聚居地的墨脱县人民政府宣布成立。同年，错那县门巴族聚居的原勒布四措撤销，成立了勒布区，区下设麻玛、吉巴、贡日和勒4个乡。这样，门巴族地区各级人民政权就建立起来了，主要领导干部都由门巴族担任。昔日当牛做马的门巴族农奴翻身解放，政治上获得了人身自由，经济上废除了封建剥削，取消了向领主交纳的差赋和承担的乌拉，分到了牲畜和土地，摆脱了世代受奴役和剥削的地位，成了国家的主人。门巴族地区各级人民政权的建立，标志着门巴族发展进入一个崭新时期。在从地方到全国的历届人民代表大会和政治协商会议中，都有门巴族的代表和委员。他们直接参加地方和国家管理，行使当家做主管理国家的权利。1965年9月，西藏自治区成立，民族区域自治在西藏全面实施，西藏地区跨入了社会主义革命和建设的新的历史发展阶段。

门巴新村　（董力男摄）

民主改革的胜利，大大激发了门巴族人民的生产积极性，他们发展生产，建设家园，走互助合作道路；同时开山筑渠，改良土壤，逐步实行科学种田，改变了过去刀耕火种的耕作方法，农业生产有了很大发展；门巴族人民的物质生活得到了改善，住上了新房，安装了电

灯。各地修筑了公路，江河上架起了钢索吊桥；乡、村建立了医疗卫生机构，并培养了一批本民族的医生和卫生员，提高了人民的健康水平；门巴族地区还普遍办起了小学和夜校，门巴族的干部、教师队伍正在稳步成长。

为了贯彻落实《民族区域自治法》，西藏自治区人民政府批准在门巴族聚居的错那县勒布区，在原有的麻玛、吉巴、贡日和勒 4 个行政乡基本构架的基础上，于 1984 年 11 月 1 日成立了麻玛门巴民族乡、吉巴门巴民族乡、贡日门巴民族乡和勒门巴民族乡；1988 年 4 月 23 日，在林芝县的排龙地区成立了排龙门巴民族乡。门巴族可以根据本民族的实际，独立自主地发展自己的政治、经济和文化。2000 年 6 月 10 日，由于易贡发生特大山体滑坡引发洪水灾害，林芝县排龙门巴民族乡整体搬迁至条件较好的更章地方，更名为更章门巴民族乡，这次整体搬迁更体现了党和政府对门巴族的深切关怀。

二、我是门巴族

门巴族是我国人口较少的民族之一。在历史上，生活在边陲僻地的门巴族是被人看不起的弱小民族，他们既遭受封建领主制的压迫与剥削，又深受民族歧视和压迫。政治上无自由，甚至连基本的人身权利都被剥夺；经济上遭受盘剥，三大领主的各种乌拉差役压得他们喘不过气来。随着西藏和平解放和民主改革，彻底摧毁了封建农奴制度，传统的原始村社残余逐渐消失，门巴族同藏族和珞巴族共同走上了社会主义道路，社会制度发生了根本变革。西藏和平解放和民主改革，为在西藏建立新型的民族关系提供了前提。

门巴族的翻身解放，也反映在新型民族关系的确立和发展上。中国共产党倡导的马克思主义民族政策的贯彻，使门巴族充分享受到了民族平等的权利。西藏和平解放后，中央人民政府于 20 世纪 50 年代和60年代，组织力量进行了大规模的民族调查和民族识别工作。经过科学严谨的民族识别，门巴族被认定为单一民族，有自己共同的地域、共同的经济、共同的语言、共同的文化心理及民族意识。1964年，经国务院批准门巴族成为我国民族大家庭中的一员。从此，门巴族作为中华民族多元一体格局中的一个组成部分，获得了充分的发展与繁荣，过去很少为人所知的门巴族与其他民族交流日益增多。

门巴族被认定为单一民族，是门巴族发展史上一件影响深远的重大事件。它标志着门巴族历史上长期遭受歧视和屈辱历史的终结，它是中国共产党民族不分大小一律平等的马克思主义民族政策的具体体现。至此，门巴族作为中华民族大家庭中平等的一员出现在了中国政治舞台上，为建立平等、团结、互助的社会主义新型民族关系创造了条件。从此，门巴族积极参加国家政治生活，自主地发展民族区域经济，自由地开展民族文化活动，充分享受宗教信仰自由，本民族的传统文化得到保护和发展。

第三章

社会生活与文化

门巴族与藏族长期生活在一起，关系密切，在衣、食、住、行等生活习俗方面受藏族影响较大。由于特殊的自然环境和气候条件，门巴族在不断吸收外来文化的同时仍保持着自己的传统风俗。

第一节　天人合一的风尚习俗

门巴族的生活习俗如果用一句话概括，那就是“十里不同风，百里不同俗”，与自然生态环境和谐地融为一体。

一、披挂小牛皮的女袍

由于长期与藏族共居杂处，门巴族的服饰和藏族很接近。氆氇是藏族制作衣服和坐垫的一种羊毛织品，门巴族服饰喜爱用羊毛织品氆氇为原料，种类多样，色彩艳丽，是门巴族生活中的必需品。门巴族服饰有地区差异，门隅地区的门巴族男女一般都穿氆氇袍和绛红色的长袍，很像藏装，但衣着比藏装短小。腰间都系一条长约 2 米、宽约 0.6 米的红氆氇腰带，妇女胸前挂一个用金属制成的护身盒，内装佛像及经卷，叫“嘎乌”，以示吉祥，这也同藏族的习俗很相近。由于坡大路狭，人们爱穿软底长筒靴，靴筒用红、黑两种色的氆氇镶配缝制，靴底为牛皮软底。门隅地区男子头戴一种叫作“拔耳甲（八拉嘎）”的帽子，用蓝色或黑色氆氇作帽顶，下部使用红色氆氇，翻檐处用橘黄色绒布镶边，并在帽子前沿留有一个精巧、醒目的小缺口，戴帽时把缺口对在右眼上方。橘黄颜色是用当地出产的一种草根染制而成，几种颜色对比鲜明，远远望去十分醒目，颇具民族特色。为了适应在山林地区的生活，门巴族男子皆耳垂大环，腰间挂一把带鞘的砍刀。

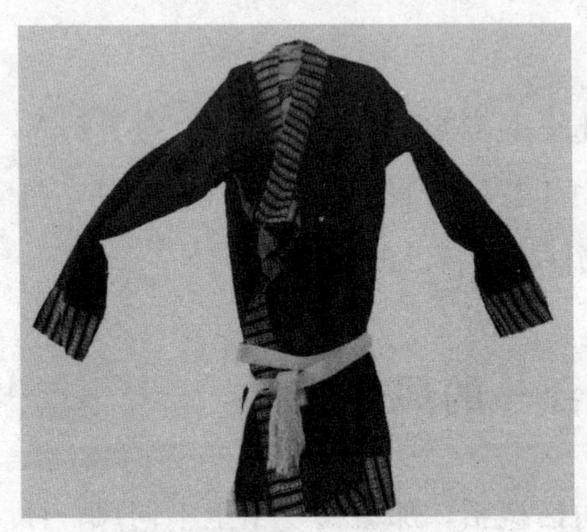
门巴族男子长袍　（旦增维色摄）

过去中老年男子的便装　（旦增维色摄）

门巴族女子的服饰别具一格，女子梳长辫，身前围一条白氆氇围裙。门隅地区的勒布、邦金一带的门巴族妇女，保留有不同于其他地区门巴族妇女的独特装束，习惯在后背上披挂一张完整的小牛犊皮。披挂时，小牛犊皮毛朝内，皮板朝外，牛皮颈部朝上，尾部向下，四肢的皮伸向两侧。当地妇女以此为美饰，吉庆节日或访亲会友，都要披一张新牛皮作盛装。传说这是唐朝文成公主进藏时来到山南留下的习俗，为了避妖邪、图吉祥，后来将此皮赐给门巴族妇女而沿袭下来的。背牛皮实际上是为了在背筐时保护衣服不受磨损，同时也有雨披的功效。门巴族女子的内衣叫“不布热”，颜色多样，无开襟、无领、

无扣子，只开一个圆口由头上套穿。外衣称“冬固”，分长短两种，用红、黑两种氆氇做成。勒布地区四季分明，服饰既不像墨脱县门巴族那样简洁轻薄，也不像高原藏族那样繁杂厚重。妇女一般胸前佩戴松耳石、红珊瑚、玛瑙等串成的饰品，喜欢佩戴嵌有珊瑚、绿松石等宝石的银手镯、耳环和戒指。

身披小牛皮的错那门巴族妇女

（刘芳贤摄）

中老年女子的服饰

（旦增维色摄）

勤劳的门巴族妇女擅长纺毛线、织氆氇和腰带，穿戴主要靠家庭纺织解决。门隅门巴族使用的织机有脚踏分经织机“次达”和手提分经织机“邦达”，以前者使用为最多。北部多用羊毛为纺织原料，先捻成线，再织成氆氇、腰带、毛毯和帽边等；墨脱的门巴族妇女，用从雅鲁藏布江下游换来的棉花做原料，用手摇木纺车将棉花纺成线，用脚踏织机织成土布，也有用藏区换来的羊毛搓成线编织氆氇的。

由于地处亚热带，气候温暖，墨脱地区男女一般穿长短两种上衣，都喜欢穿棉麻制成的衣服。男女都以白色为主，有长短两种款式的白色上衣。男子留长发，佩戴耳环和腰刀。墨脱的男子很少戴帽子，常戴自编的斗笠防日晒雨淋。穿的多是用棉麻自织的白色衣袍，腰悬砍刀或叶形小刀。男子过去多赤足，现在多穿胶鞋。墨脱地区的门巴族女子服饰与门隅有所不同，她们穿白色短衣或无袖无领的宽大褂子及花色长裙，有的在裙子上挂缀小铃铛或一种称作“朋巴林”的用植物果实做成的装饰品。脚穿绣花毡靴，戴项链、耳环、戒指、腰链等饰物。发辫盘于头顶，并以红、黄、绿等彩色的线装饰。妇女结婚时，新娘的嫁妆一般也都是白色。

墨脱门巴族姑娘　（张江华摄）

20世纪90年代以来，门巴族仍保持着民族服饰的浓郁特色，但服装的质地、款式和种类较之过去已大为丰富，不同性别和年龄对色彩和形式有着不同追求。随着汉文化的影响，传统服饰在日常生活中的实用性越来越低，越来越多的门巴人穿汉族服装，这一点在年轻人身上体现得尤为明显。

二、鲜美可口的石锅饭菜

门巴族的饮食结构因地而异，既有吃玉米、稻米、鸡爪谷的，也有吃荞麦、小麦和青稞的。无论何地都喜欢以辣椒佐食，水田多的地方，以吃大米饭为多。大米吃法与汉族相同，玉米和鸡爪谷则做成糊粥，也吃糌粑、面饼、奶渣，喝酥油茶。

在门巴族饮食结构中，与藏族不同的是肉食少、蔬菜多。常见的蔬菜品种有白菜、萝卜、圆根、土豆和黄瓜等。门隅和墨脱森林茂密，盛产野生蘑菇和木耳，蘑菇种类繁多，味道十分鲜美。墨脱的黑木耳更是闻名遐迩。蔬菜多是在石锅里煮熟后，蘸着盐巴、奶渣和辣椒面混合成的糊糊吃。石锅，门巴语译为“可”，门隅和墨脱均产石锅。相传，门巴族最初做饭没有锅，粮食是装在竹筒里烧熟后吃。后来，人们发现了一种质地很软的石块，于是在石块上掘出大圆窝来煮食物，石锅就这样发明出来了。门巴族喜欢用石锅煮饭煮菜，石锅传热和散热慢，炖出的饭菜鲜美可口，可保持食物的原味，这是金属锅所不能媲美的。现在石锅的使用范围已缩小，功能也发生了变化，只是用来炖肉，且基本上被一些现代化的炊具，如高压锅、电饭锅等所替代。虽然铜锅、铝锅、铁锅、高压锅等现代炊具大量传入门巴族地区，但门巴族仍然保持着使用石锅的传统，尤其是节日里款待宾朋时要使用石锅，一般人家也都珍藏有大小不等的几口石锅。最初石锅的式样与石臼相似，制作粗糙，后来石锅的样式越来越考究，既是炊具，又是可供观赏的工艺品。过去，门巴族的餐具多是用木制或竹制的碗，盘根错节的大树根是最好的材料，可制作大木碗。木碗通常用青冈、杜鹃树的粗根制作，木质细密、坚硬。随着现代化的餐具、炊具基本上覆盖了门巴族传统的餐饮用具，使用木碗的人家越来越少，会制作木碗的手工艺人也越来越少，加之木碗的制作工艺比较繁琐，原材料又不好找，因此价格很昂贵。

门隅地区的门巴族尤其爱吃的是在青石板上烙的荞麦饼。做法是把一块圆形薄石板放在火塘三脚架上，然后把荞麦粉调成糊状，摊在石板上翻烙烤成。吃的时候在烤好的荞麦饼上撒上奶渣、盐和辣椒糊，然后趁热卷着吃，面饼清香扑鼻、酥软可口、营养丰富。小麦和青稞的做法是将其磨成面粉状，在锅里用水调匀煮成稠糊糊吃。门巴族烹饪简单，汤菜是主菜，和单调的米饭相配，食用方便可口，颇受青睐。汤菜中的主要佐料是豆酱，一般五口之家的半锅汤菜中要投放 80 克左右的豆酱。经过发酵的豆酱成了酱泥，投入锅中后自行分解。豆酱是门巴族饮食中不可缺少的主要调料，家家户户都有几桶豆酱备用，是用煮熟的黄豆加工和发酵而成。待豆子冷却到不烫手、25℃左右时，将食盐、辣椒粉、胡椒粉、蒜泥、茴香等调味品均匀拌和，然后装入直径 30 厘米、高 50 厘米左右的竹桶里，顶部塞一芭蕉叶，糊泥封顶，置于灶台的后部，保持一定温度，一般一个月即可食用。放置时间越久，色泽越鲜艳，略呈紫黑色，超过一年的变成了黑色。此酱味道辛辣，辣味中透出浓郁的清香，特别能增强食欲。用青辣椒蘸之，更是别具一番味道。

农业是门巴族主要的经济生产方式。门隅的农业较为发达，以比较精细的锄耕和犁耕为主，墨脱以刀耕火种为主。门隅北部的勒布、

门巴族粮仓　（庞涛摄）

邦金一带以生产荞麦和小麦为主。门隅腹心及以南地区的农作物主要有水稻、谷子、高粱、玉米、青稞、大豆等。墨脱地区种植玉米、鸡爪谷、水稻和青稞等粮食作物。门巴族地区气候温和，瓜果蔬菜品种丰富，有萝卜、卷心菜、黄瓜、南瓜、冬瓜、辣椒、茄子等几十个品种。

珞渝地区沟深谷狭，雨量充沛，气候炎热，适宜种植玉米，因此，玉米和鸡爪谷成了墨脱门巴族的主食。玉米的食用方法主要有两种：一是做玉米饭；二是做玉米黏坨。玉米饭是用玉米加工成较粗的玉米渣粒做成的，玉米渣粒也可和大米掺和煮成二米饭，玉米细粉可煮成面团。鸡爪谷是热带作物，因谷穗形似鸡爪而得名，产于墨脱和下珞渝地区，大小颜色和油菜籽相似。鸡爪谷的食用方法一般是炒熟后磨成面干食，也做成黏坨食用，门巴族也喜欢吃用鸡爪谷粉煮成的面团。墨脱门巴族的肉食过去主要来源于狩猎，在野外打到野兽，剥皮后切成肉条，用火烤干，再带回村里。肉食的烹制方法也很简单，除了烧烤外，就是炖煮。烤肉干是门巴族最喜爱的食品。在肉食中，墨脱门巴族最喜欢吃的是山鼠肉，每年的 10 月到来年 5 月，都是捕鼠的好季节。山林里有许多山鼠活动，往往一次就能收获五六十斤。烤制的鼠肉干，还可以用来待客送礼。墨脱地区江河纵横交错，有丰富的鱼类资源。这里的门巴族擅长捕鱼，用竹篓子作为捕鱼工具。鱼肉一般也是烧烤后食用，也可烤成鱼干后长时间存放。

无论是墨脱还是勒布地区的门巴族，男女老少普遍嗜好饮酒。门巴族擅长酿酒，像玉米、鸡爪谷、稻米等，既是生存需要的粮食，也是酿酒的好原料。门隅北部的勒布和邦金地区喝的多为青稞酿制的酒，而墨脱地区的门巴族喝的多为大米和鸡爪谷酿制的酒，这种酒度数低，酒味甘甜而略带酸苦味，可清热解乏，是请客送礼的必备之物。门巴族把自制的青稞酒、大米酒装入大葫芦里，或者装入大竹筒里面。门巴族非常好客，当有客人来的时候，他们会热情地款待客人。一般情况下都是男的陪客，女的敬酒，客人喝一口，女主人便在一旁随时添加，如果客人喝醉了，主人会很高兴，因为他们认为这样表示客人尊重主人，看得起主人。饮酒对歌已经成为门巴族的一种生活习惯，早已融入到门巴族的喜怒哀乐之中。

门巴族传统的饮食观念、饮食结构和饮食习惯正在发生着变化，饮食文化呈现出多元化趋势。传统的荞面饼、糌粑等依然是主食，青稞酒、酥油茶还是最好的饮料。同时，门巴族渐渐也接受了汉族的饮食，如煮面条、烹炒煎炸等各式菜肴已成为人们的日常食品。肉食和各类蔬菜是日常饮食的重要构成，传统的青稞酒、酥油茶与现代的啤酒、各式饮料并存，可以根据自己的喜好选取，日常生活中处处都能见到传统与现代的混融交汇。

三、结实耐用的木楼

门巴族生活的喜马拉雅山区，沟壑纵横、江河切割、森林密布。门隅和墨脱地区很少有宽阔的平地，房屋多依山势而建，错落有致。由于地理条件和气候条件的差异，门巴族不同地区的建筑各具特色。门隅的门巴族一般选择河谷平地或高山坡地建屋聚居，形成村寨，少数散居；墨脱是高山峡谷地区，雅鲁藏布江奔腾呼啸纵贯全境，门巴族村寨多沿江而建，一般坐落在面向河谷的台地或山坡上，依山傍水、绿树掩映。村寨间相对分散，十几户、几十户的村落往往分几个居民点。

门巴族民居主要有碉房式石楼和干栏式木屋两大类。石楼是门隅地区门巴族的房屋特点，对保暖性要求很高。石楼基座大多为长方形，楼壁垂直高耸，基座和楼壁全用石头砌成，不用挂梁。楼屋之间铺排木板，“人”字形屋顶上覆盖木板后再加压石板。这样建造的房屋就很

门巴族民居　（庞涛摄）

结实，可防风，既经久耐用，又有质朴浑厚之感。房屋门上一般安有非常牢固的木制锁，要用一把长约 7 厘米的木钥匙来开门。石楼一般分三层，上层是储藏室，放草和秸秆；下层关牲畜；中层则是一家人的居所，一般高度在六七米以上，有的甚至高达十米。除了以石块砌墙外，几乎全是木结构，榫结处用榫不用钉，结实坚固。在过去，门巴族通常夜晚在室内地板上铺粗毛毯或兽皮，和衣而卧。火塘是门巴族家庭的核心，中间支一个巨大的铁三脚架，白天为炊事、吃饭和待客场所，夜晚一家人围圈而卧。近些年，在门隅地区新修的房屋多以白铁皮做屋顶，在阳光的照耀下闪闪发光。在保留传统型房屋的同时，也有很多新式的藏式房屋，地上铺有地砖。很多门巴族人家的二楼客厅墙上正中都贴着我国几代领导人的照片，表达着门巴族对共产党的感激和拥戴之情。

墨脱地区的门巴族生活在喜马拉雅山南坡低而热的谷地，依山傍水，绿树掩映，所以住的都是干栏式的房子，多为长方形。历史上干栏是指古代南方民族的树居房屋，“依数积木，以居其上，名曰干栏”。① 在每户之间的空地上，是一块块大小相同的菜地和稻田，几乎没有一片闲置的空地，房前屋后都栽种香蕉、葫芦和柑橘等植物。住房一般都是就地取材，用木头、竹子、草、石块等建盖，以石块、木板或竹篱筑墙，既简单又实用。“人”字形结构的房屋排水畅快，适应了墨脱地区雨水多的气候特点。

干栏式木屋一般也是分为三层。底层没有围墙，四面敞开，供拴养牲畜用。第二层为一家人的居所，有正屋和偏房，正屋面积略大，南侧设灶塘，用土石砌成，灶台低矮，弯腰才能操作。西为窗户，北为偏房。偏房又分为两小间，一间作客房，另一间是存放衣物和贵重物品的地方。西屋正侧窗旁为主人陪客之地。夜晚全家在正屋歇宿。有的家庭房屋大，在正屋的东南角又隔开一小屋，内设灶塘，作为煮酒的地方。居所的外侧有宽大的走廊，兼作晒台，既可晾晒粮食，也是平日编竹器和做木工活的场所。底层与外走廊相连接的是一架用粗大的圆木砍凿成的短木梯。第三层存放杂物。房屋与地面相距 1 米左右，“人”字形房顶，房屋多半是木顶、竹顶或草顶，用蕉叶或木板覆盖，再用石板压顶。所有建筑房门都朝东，在门巴族看来这样太阳出来就照进家门，能带来吉祥如意。

随着我国对墨脱地区生态环境的保护，传统的木质房屋的材料来源受到限制。大部分家庭在维修房屋的时候以石砖代替木材，于是出现了许多木质材料和石砖混合的房屋。近些年来，干栏式木屋在用材、格局、结构和功能方面都与传统房屋有所不同。随着房屋质量不断提高，原来的木板、茅草或芭蕉叶屋顶，已被镀锌白铁皮取代，可以保持 10～20 年不换。房屋面积也普遍比过去宽大，房屋大门朝向也多样化了，向西的房屋也不少。门巴族原有的在房屋底下圈养牲畜的习惯

---

① （唐）李延寿撰．南史（卷七七）．

门巴族民居　（庞涛摄）

也发生了变化，逐渐把牛、猪等大的牲畜圈养到房子外面。同时，为了卫生和安全起见，开始在自家的房屋旁搭建单独的煮酒灶。

随着 20 世纪末国家“兴边富民行动”和扶持人口较少民族特殊政策的实施，门巴族聚居区的经济社会快速发展，生产生活条件大为改善。勒布地区启动了“山南边境第一乡”的新农村建设工程，“安居工程”的实施使门巴族居住条件的改善尤为显著。在国家的统筹规划下，新建的房屋由散居山坡、高岭的民居集中到路边、路口、平坝之处。像墨脱地区的亚让村、墨脱村、亚东村等村，都是国家统一规划的居民房，既有着现代化的室内设施，如各种电器及许多现代新潮家具和物品，又保持着门巴族民居传统的风格特色。

四、猴子攀爬的小道

门巴族聚居的门隅和墨脱地区地处西藏边陲，交通偏远。尤其是墨脱地势险峻，地理位置极端闭塞，素有“高原孤岛”之称，与外界几乎处于半隔绝状态。它的北面有南迦巴瓦峰和多雄拉山，东部有金竹拉山，中部有咿龙拉山，西部有遂拉山等同藏区隔开，形成一个相对独立的峡谷谷地，是我国少有的典型垂直地带性区域。门巴族散居雅鲁藏布江两岸，不仅对外联系和交往极为困难，就是门巴族村寨之间的联通也不容易。生活于喜马拉雅高山大川重重阻隔中的墨脱门巴族，出门就爬山下坡，遇水则靠溜索和藤网桥，以道路险峻而闻名于世。到墨脱必须在夏季大雪封山前翻越地势陡峭、险象环生的大山，下山后要经过险要的深山峡谷，穿越藤蔓交织、幽暗泥泞的茂密的原始森林以及众多激流汹涌的河流。同时，还要防备多种毒虫和蚂蟥的叮咬以及野兽的袭击。当地人用这样的顺口溜来形容路程：“一山见四季，十里不同天，声音听得见，走路要半天。”

墨脱是高山峡谷地区，所谓的“路”几乎都是崎岖难行、直上直下的“猴子路”。门巴族就是凭借“猴子路”、溜索和藤网桥打通了与外界的联系，大部分的生活必需品都靠背夫的双肩背进来，“猴子路”就是居住在大峡谷中门巴族的生命线。每年 10 月到第二年的 3 月是大雪封山期，到了 4 月，当春天的阳光洒满山坡的时候，人力背夫们便开始长途跋涉。背夫们的必备工具是藤筐、筐上的背带和“丁”字形手杖，这三样工具一个都不能少。藤筐是门巴族收获粮食和外出交换时的背运工具。外出交换，路途遥远，负重一般都在 100 斤以上；背带也用藤条编织，带有菱形花纹，一根背带宽约 5 厘米，长约 130 厘米；“丁”字形手杖长约 80 厘米，多用天然树枝砍制而成，也有的用一根带杈的木棍，于手握处钉一木条作扶手制成。为了保持身体平衡，便于爬山越岭，背夫们采用头背式。藤筐通过背带挂在人的前脑门部位，双肩只起着辅助作用。这样在身体向前移动时，藤筐就能紧紧贴在背上，不至于向两旁摆动。这对爬越陡峭山岭时，防止翻身落崖是

非常重要的。由于常年头背式的负载，门巴族男子的前脑颅骨下陷，形成一道明显的沟痕。行走时，右手扶杖拄地，可以减轻身体负重，尤其是下坡时，还可以稳住身体。手杖还有另一用途，当负重者在攀登陡峭的山路或途中劳累时想小憩，可将手杖置于藤筐底部作支撑，无需弯腰卸载就能得到休息。墨脱门巴族就是这样世代靠这些简陋的运输工具负重攀援于绝壁险道之上，攀山背运也就成为墨脱门巴族的基本生存技能。

门巴族背工 （庞涛摄）

据史料记载，清末从喜马拉雅山北坡工布地区越过多雄拉山口有一条通向墨脱宗境内的马行道，驮马勉强可以到达雅鲁藏布江边，因江水阻隔，马不能过江。到西藏和平解放前，就连这条马行道也因年久失修，只有人可以勉强通过。在未修栈道之前，人们需要绕道爬越陡峭的山崖，走一条只有猴子才能攀援的险峻无比的“猴子路”，整个过程是不断地上山下山、上坡下坡。有的路段路面仅 20～40 厘米，这条“猴子路”要走几天，在漫长的岁月里不知吞噬了多少背工的生命。

路窄的地方两人相遇，往往需要将背运的物资取下放于地上交换，然后两人分别从物品上跨过，方能继续前行。所以，在墨脱没有使用扁担的挑夫，只有背夫。在山口的危险地段，门巴人每过一次，都按照藏传佛教的习俗，或放石头，或挂经幡，祈求平安越过山口。由于世代的积累，有些地段的石头已经垒起一米多高。如果是远距离运输，运输任务又重，男女青壮年都要参加，仅仅靠男子是无法承受的。

20 世纪 60 年代，为了打通天堑，改善交通条件，在墨脱各族人民的配合下，驻地部队用炸药、钢钎铁锤，用汗水、鲜血和生命硬是在半山腰的悬崖峭壁上削壁三尺，开凿修建了从山脚至山腰的栈道，又称“一线天”。但栈道仍凶险无比，宽度约一米，左侧是崖壁，右侧是深谷，深不见底，谷底是咆哮的多雄拉河。头上是悬挂在崖壁上的巨石，摇摇欲坠。路面用石块铺就或凿石成梯，由于多雨潮湿，行人稀少，石块和石级上长有苔藓，尤其是路的外侧，路面很滑。如果不小心脚踩虚或滑倒掉入山谷，绝无生还的可能。从进口处望过去，这一险道就像一只猛虎张开巨口，狰狞恐怖，被人们形象地称之为“老虎嘴”，令人无不谈“虎”变色。

墨脱人出行还必须经过雅鲁藏布江及其支流上的条条溜索桥和座座藤网桥。雅鲁藏布江大峡谷中的雅江像一匹脱缰的野马，更像一条挣脱羁绊的蛟龙，狂暴地、不顾一切地向前猛冲。江中的滚石声、江水撞击石岩发出的响声以及江流互相缠绕拍击的咆哮声震耳欲聋，数里之外便能听见江水的轰鸣。溜索是在河谷两岸拉起的一根粗藤，人悬挂在上面攀援过去。两手两脚攀附绳索，背朝江水脸朝天，从绳索的一端滑向另一端，有的时候还要背着重物。不论春耕、夏锄、秋收还是冬藏，都滑行于两岸之间，如履平地。过藤网桥时，手扶着两股藤索前进，桥身剧烈晃动，桥下江水奔腾咆哮，令人心惊胆寒。藤索经日晒雨淋，逐渐失去韧性，一般半年就要更换，否则会发生危险。过去因藤绳断裂，跌入江中的惨剧时有发生。

途中小憩 （庞涛摄）

在墨脱建桥，仅建桥的材料要运进墨脱就极为困难。由于道路险峻，架桥的钢索无法驮运，全靠人力运输。钢索很长，又不能截断，因此一根钢索得由许多人运，每人肩上扛两三圈，往往数十人一组运送一根。前后连在一起。在行进中，常常是一人跌倒把前后数人绊倒，行程十分缓慢。当到达目的地时，许多人已是遍体鳞伤，至于在途中饥餐露宿、风吹雨打、蚂蟥毒蚊的叮咬，就更难以述说了。在墨脱境内的雅鲁藏布江及其支流上，共架设了13座钢索大桥，以“解放大桥”修建最早、规模最大。这座吊桥建于1965年2月，由8根长达200多米的主钢索横空搭建，可同时承载一百匹马过江。修建“解放大桥”的钢索，由50名战士为一组运送，扛绳的队伍排成长长的一串，大家要统一行动，互相拖拽着一步步往前挪动。需要翻越大山、跨深涧、穿密林、战蛇蟒，在险恶的“猴子路”上行走五六天才能到达目的地。钢索经过千辛万苦、千难万险运抵雅鲁藏布江边后，长达 250 米的钢索怎样牵引到对岸又成为一道大难题。解放军战士们架起了一门 60 迫击炮，将弹头引信摘去用以牵引钢索，凭着过硬的军事本领，用炮弹将 8 根主钢索准确地送到了江对岸。可以说，这是墨脱人创造的建桥史上的一个奇迹，结束了生活在墨脱的门巴族和珞巴族等民族长期靠溜索藤桥的历史。

随着墨脱交通条件的改善，许多藤网桥已经被钢索吊桥取代，有的则因年久失修而废弃不用。到 1986 年时，雅鲁藏布江上仅存一座通往德兴区的藤网桥。现在，墨脱的交通条件已经发生了很大的改观，人力背运的环境有所改善。随着人行道、马行道的不断建设，出行更方便，安全系数也得到提高。90 年代以来，进出墨脱县东线的波—墨公路路段，先后出现了政府设立的招待所和个人开办的客栈，满足过往人员的基本需要。2010 年 12 月 15 日 10 时，中国最后一条通县公路——西藏自治区墨脱公路嘎隆拉隧道爆破成功，耗时 24 个月，全长 3310 米的隧道全部贯通。2013 年 10 月 31 日，墨脱公路正式通车，这朵“隐蔽的莲花”绽放出最美的容颜。墨脱公路的成功修建与正式通车，使千百年来作为“高原孤岛”和“中国唯一不通公路县”墨脱的封闭历史宣告终结。

墨脱道路　（庞涛摄）

第二节　一个都不能少的宗教信仰

在门巴族的信仰体系中，有着对鬼、神、佛的最大的宽容精神，不分远近、亲疏、厚薄，都在他们心灵的祭祀上按部就座，奉献人间的礼遇和牺牲。门巴族的原始宗教、苯教和藏传佛教互融共生，是在门巴族社会中并存的、为门巴族共同信仰的三种宗教。其中，佛教受官方支持，占统治地位。

一、沟通人与自然的原始宗教

万物有灵的原始宗教是门巴族的古老信仰，流行于民间。门巴族认为山有山神，树有树精，水有水怪，风雨雷电、地震水灾，乃至人的生老病死都有超自然的神灵在左右驱使，而巫师和巫术是人与神、鬼之间沟通的纽带。门巴族巫师有“巴窝”、“登龙坎”、“巴莫”和“觉姆”等。直到20世纪中叶，门巴族仍真诚地信仰天神地灵、山鬼水妖、石精树怪、鸟兽虫鱼都有神性灵气，鬼神灵气无所不在，并且喜怒无常。它们既能赐福人间，也常布灾降难，凡病痛或不祥、异常或祸殃，认为都是某种鬼灵妖气所致，唯有请求巫师施行巫术，请神送鬼，才能禳灾祛祸。为免灾祈福，门巴族敬奉鬼灵，供献牺牲，举行各种繁缛的巫术活动。

在墨脱门巴族的村寨中被称为“格拉”或“域拉”的保护神，都是些山鬼地灵、树精水怪之类。墨脱门巴族一方面信奉藏传佛教宁玛派，另一方面又信巫重鬼。神灵家族的主要成员，大都是与人们生产生活密切相关的森林江湖、山石树木等，其中女性神灵占有较大比重，反映出门巴族神鬼信仰的自然性和原始性。与精灵鬼怪打交道最多的就是门巴巫师。墨脱的门巴巫师种类繁多，有“巴窝”、“登龙坎”、

“巴莫”、“觉姆”等，既有男巫，也有女巫，女巫数量超过男巫。根据职能的不同，门巴族巫师分为请神巫师和驱鬼巫师两大类。请神巫师多由女性充任，这就是“巴莫”和“觉姆”；驱鬼巫师则多为男性，由于驱鬼方式的不同又分作“巴窝”和“登龙坎”。巫师之间的区别，除了使用的法器、衣饰不同外，作法的动作也不同。“巴窝”敲的是双面大鼓，“巴莫”使用的是手摇小鼓，“觉姆”作法时则不用鼓。“巴窝”在举行仪式时，开始坐着击鼓，随后站起来跳，“巴莫”却一直站着；“觉姆”则始终坐着。此外在作法时，所唱的曲调不同，禁食范围也有差别。在门巴族心目中，“巴窝”的巫术较高，“巴莫”和“觉姆”要差一些。但患病时，先请“巴莫”和“觉姆”求神，如不见效，再请“巴窝”。如果这三种巫师都无法使病人康复，只能请喇嘛念经诵佛。

“巴窝”是门巴族法术最高的巫师，他的宗教活动频繁而复杂，既能祭神送鬼，还能举行各种巫术活动。“巴窝”给病人施术治病时，头缠红、白两色布巾，戴一“仁安”神帽，胸前挂满串珠，身上斜披白带，端坐高凳上敲鼓。“巴窝”面前要放一托盘，盘中盛有玉米粉，上面立着几个玉米棒子。施术开始后，他的身体东摇西晃，节奏由慢而快，同时挥刀起舞。病人屋中要烧一大锅开水，“巴窝”将烧红的石头投入沸水中，满屋蒸汽弥漫。“巴窝”用树叶蘸沸水洒在自己身上，并表现出不怕烫的神情，以示自己是“神体”。还要在病人身上涂抹酥油，然后洒沸水。若还有人要求治病，可事先围坐在屋内，“巴窝”向病人洒水时一并洒向他们。“巴窝”口中唱到：

天上的大雪啊向我降吧，
山谷里的大风啊向我吹吧，
妖魔鬼怪啊跟我来吧，
灾难祸殃啊集于我神吧……

病人情况严重时，“巴窝”还要用刀在屋内转圈挥舞，之后把刀摔在地板上，刀尖插入地板中。如果刀口向着“巴窝”，病人就会好转，反之，则对病人不利。“巴窝”就这样挥舞着刀从室内到室外，意味着把鬼赶走。

“巴窝”除送鬼跳神外，还有一个重要职能就是对诅咒巫术的禳解。墨脱有一种叫“安”的诅咒巫术，是一种十分厉害可置人于死地的黑巫术。被咒者很快会头痛恶心，身患重病，直至死亡。当病家怀疑是被人施“安”时，必须请“巴窝”来禳解。“巴窝”到病人家问清病人的姓名和年龄，用大米面和玉米面做成面坨，放于“曲雄”神龛前，同时摆放香蕉、米饭、鸡蛋和病人的衣服等物品，由助手点燃古玛薪枝叶。“巴窝”身披法衣、头戴神帽、手拿法鼓、配挂法刀，先坐于地板上击鼓念咒，请求神灵附体。不久“巴窝”脸色变白，全身颤抖，猛地跳起，左右晃动，一边击鼓，一边念念有词。内容由助手翻译给众人听，主要是询问是什么鬼灵作祟，病源来自何方等。助手要不时抛撒米粒、小麦等粮食。经过一番询问后，“巴窝”拔出法刀，念诵着跳跃出家门，在病家的室外或墙体、门边用法刀划一个圆圈，病家立即在巫师划圆的地方挖掘，将挖出的符咒烧掉，仪式宣告结束。据说“巴窝”每次寻找符咒都很准，这更增加了门巴族对“巴窝”的崇敬信仰和对巫术的神圣感。

门隅的门巴族逐渐吸收了藏传佛教宁玛派的信仰，但是门巴族固有的原始宗教信仰在墨脱这一特殊的文化地理环境中得以复苏和保留，并得到了相当的发展。孕育和培养出了种类繁多的巫师，其巫师种类之多，巫师数量之大、巫术活动之繁是罕见的。根据对墨脱四村的调查，近两代人中巫师有 48 人之多，其中女巫 26 人，男巫 22 人。[①]“巴

① 陈立明．走入喜马拉雅丛林：西藏门巴族、珞巴族文化之旅．中国藏学出版社，2002：120.

窝”、“巴莫”和“觉姆”在门巴族地区流传比佛教早，尽管各有特点，但他们作法的主要用意都是请求神灵把病人的灵魂放回来，使之得以安宁，病体康复，正如一首巫师的唱词所祷告的：

> 你所需要的都准备好了，
> 你吃吧、穿吧、用吧！
> 这是病人奉献的，
> 请把病人的灵魂放回吧！
> 放时，请将套在灵魂上的绳索解开！
> 放时，请将钉在灵魂上的钉子拔掉！
> 放回的灵魂要像鸡蛋一样完美无缺！
> 放回的灵魂要像洗澡之后一样干净！
> 放回的灵魂要像树剥皮那样新鲜洁白！

充当巫师的人，一般都得过严重疾病，甚至精神失常。如果家人请巫师诊治，巫师提出只有病人当上“巴窝”、“巴莫”或“觉姆”才能痊愈时，就为病人举行有关仪式。若患者自此病情好转，那么就会成为巫师，日渐学会有关的仪式和巫术。

时至今日，门巴族敬巫重鬼的观念逐步淡化，随着老年巫师的不断故去，巫术活动已经十分鲜见，喇嘛僧人的法事活动渐渐取代了巫师的祭灵跳鬼。但是，神灵的观念和影响依旧广泛存在，尤其是在喜马拉雅高山峡谷中的墨脱，不可预测的各种自然灾害仍有发生，贫困问题并没有完全解决。在自然灾害和生老病死面前，门巴人有时仍依赖求助于神灵，或许这些古老的宗教仪式能给予他们精神上的些许安慰。

经幡　（董力男摄）

二、入乡随俗的苯教

苯教是藏族原始社会时期的宗教。佛教传入西藏以后，经过了和苯教长期的相互吸收和斗争。9 世纪中叶，在为西藏统治阶级所利用的苯教和佛教斗争中，苯教受到毁灭性打击，势力被挤出西藏中心地带，只能在西藏边缘的偏僻地区活动。位于林芝地区行政公署所在地——八一镇东南侧雅鲁藏布江北岸的苯日神山，是苯教祖师顿巴·辛绕米沃切的修行地，也是苯教在藏东南部的著名传播点和扩散源。那里自然景观极其秀丽，山顶皑皑积雪，山腰郁郁森林，山脚绿茵苍翠。苯教信徒们一直把苯日山视为神山之王，每年都有大批信徒前来转山和朝拜。

在门巴族信仰观念中，苯教与其原始宗教并没有严格界限。在门隅和墨脱地区，仍有门巴族信仰苯教，但苯教已经和门巴族当地的原始信仰相结合，不再完全是藏族地区的苯教了。东迁墨脱的门巴族，可能又吸收了珞巴族巫师跳神的某些内容，形成墨脱门巴族的苯教。在门巴族中有一类称作“苯波”的巫师，可能与藏区的原始苯教有一定的渊源。

苯教传到门巴族聚居区后，并没有享受到门巴族给予的特殊待遇。它没有特别的仪式和仪轨，是挤在原始宗教的祭坛上一同品尝牺牲，它没有自己的单独住宅，只是在人们的心灵上承认它的存在。不过，苯教也确实拓展了门巴族的信仰思想，门巴族从苯教那里请来了天神，给原始宗教各霸一方的众鬼们找到了最高的主宰。受到苯教思想的影响，在门巴族的观念中，宇宙里的神灵被系统划分为三个世界，即天上、地面和地下，与此相应的神鬼是“拉”、“赞”、“鲁”。天上有“拉”——天神的世界；地面有人类和“赞”——游神的世界；地下有“鲁”——龙神的世界。三界神灵都在各自的世界里活动，可见神灵是系统的、有序的存在。这是经过“加工”的万物有灵观念，它已经超越了自然宗教里那种初级的万物有灵的知识。[①]“拉”是诸神中地位最高的神，能主宰万事万物，赐福人类；“赞”无所不在，土地、山峰、巨石、江河、树木……万物中都有它的活动，有的就是其化身；“鲁”以想象的龙为其代表，它主地下之水，从山间石缝流出的泉水，就是它所赐，穴居于地下的蛇、青蛙、蚂蚁等昆虫也是地下神的属民。

门巴族接受了苯教的宇宙“三界”的结构“理论”，并与本民族的实际相结合。门巴族认为，自己曾经崇拜的那些山神就是苯教说的通向“拉”界的“通天之路”。墨脱门巴族朝拜的南迦巴瓦峰，就被认为是与“拉”界相连的神山。原始宗教崇拜的鬼灵们也被接纳为苯教神祇的成员，同时苯教的神祇也加入了原始宗教崇拜的鬼灵行列，如龙、

---

① 张江华、揣振宇、陈景源．雅鲁藏布江大峡谷生态环境与民族文化考察记．中国藏学出版社，2007：165.

精怪、战神等。苯教传入门巴族聚居区后，产生了苯教的神话、传说，并在诗歌、舞蹈、戏剧中渗进了苯教的思想观念。据称在藏区中的昌都、日喀则等地也有“巴窝”和“巴莫”，这或许也是古老苯教的残存。

三、广为传扬的藏传佛教

门巴族是一个善于学习和吸收新鲜事物的民族，具有宽厚的包容精神和开放心态。门巴族在信仰原始宗教和苯教的同时，还信仰藏传佛教。藏传佛教在门巴族地区的传播和发展过程，也是被门巴族地方化和民族化的过程。原始宗教信仰、苯教信仰和藏传佛教信仰互融共生、杂糅并存，原始宗教巫师、苯教巫师和佛教喇嘛地位平等，不分轩轾，都受人们的尊崇，享有崇高地位。

藏传佛教的宁玛派、噶举派和格鲁派在门巴族地区都有影响，其中以宁玛派影响最大，是门巴族信奉的主要教派。佛教传入门隅地区大约是在8世纪，宁玛派大量吸收了门巴族原始宗教的教义、教规和崇拜对象，又吸收了藏族苯教的万物有灵观念和敬神镇鬼仪式。对于门巴族而言，神与佛、巫师与喇嘛是并行不悖的。佛性普遍存在的理论和万物有灵的观念统一起来，崇尚密咒，修持“大圆满法”，供奉佛尊和凶神，修行高深的喇嘛和苯教巫师携手同行。所以，自宁玛派传入门隅地区以后，为信仰原始宗教和原初苯教的门巴族所喜闻乐见，很容易渗进门巴族的文化和心理结构之中，从而为门巴族所接受。至今在历史上属上门隅的错那县勒布门巴族中，还广泛流传着莲花生修建桑鸢寺，后来到门隅传经授法、降伏妖魔的故事，上门隅的许多地方被认为是莲花生在这里活动的遗址。

宁玛派意为古派或旧派，认为他们的一套教法是从莲花生传下来，是西藏历史最久远的佛教派别，俗称红教派，因僧人穿戴红衣帽而得名。至17世纪中叶五世达赖时，虽有格鲁派传入门隅并得到官方支持，但并不占优势。格鲁派严格的宗教戒律与门巴族传统的宗教心理格格不入，难以为门巴族所接受。而宁玛派的传承制度，使寺院和家庭紧密结合在一起，当生老病死或婚丧嫁娶需要举行某种宗教仪式时，它能满足群众信仰宗教的情况，收取报酬，弥补不足；没有宗教活动时，门巴族可以在家里从事生产。因此，在广大门巴族中宁玛教派得以广泛流传，具有深刻的影响，是门巴族信奉的主要教派。11世纪以后，藏传佛教在门隅地区已经根深蒂固，门巴族的历史上曾出现过很多著名的藏传佛教宁玛派活佛，如乌金桑布。

传说，藏传佛教宁玛派活佛帝尔顿·白玛宁巴和他的弟弟宁玛派的乌金桑布活佛来到喜马拉雅山南麓这块被称作是“隐藏的乐园”传授佛法。乌金桑布亲自主持修建了桑结凌、措结凌和乌坚凌三座著名寺庙，并给门隅曼扎岗地方的门巴族施授“马头金刚灌顶”，门巴人纷纷接受教化，皈依佛法，他因此被称作“达尊神”。曼扎岗也因此更名“达旺”，“达”即达尊，“旺”即灌顶之意。乌金桑布又在信徒的帮助下，在达旺建立了达旺寺，亲自执掌达旺寺宗教事务。达旺寺的建成，标志着藏传佛教已经在门隅地区扎根。乌金桑布在门隅的活动，深受门隅土王楚卡尔娃的赏识，便把女儿多吉宗巴许配给他。从那时起，藏传佛教宁玛派在门隅广为传扬，形成了具有门巴族特色的宁玛派。

门巴族在东迁墨脱前受西藏封建农奴制的统治和藏族文化的影响，传统的原始宗教逐渐同藏传佛教宁玛派信仰混融并存。之后，门隅的门巴族完全吸收了宁玛派的佛教神祇，宁玛派的法事活动取代了巫师的跳神作法。举凡祈福消灾的活动均由喇嘛主持，门隅北部的巫师已经不复存在。随着藏传佛教各教派的传入，一座座佛教寺院在门巴族地区相继建立，一批批僧人应时而生。至20世纪50年代，门隅地区已有佛教寺院十多座，经堂若干，僧人近千人。墨脱有寺院六座，经

堂若干，僧人三百多人。影响较大的寺院有达旺寺、仁钦崩寺等。[①]

仁钦崩寺是白玛岗地区修建最早和影响最大的佛教寺庙，被称之为“德瓦仁钦崩”，意为“中心聚宝寺”。最初，这里居住的珞巴族不允许东迁的门巴族在此修建寺庙。南则玛拉山是珞巴族的猎场，珞巴族认为在此修建寺庙会得罪山神，以后将打不到猎物。南则玛拉山上的仁钦崩地方是鬼地，在此建寺庙会冒犯鬼灵带来灾难。经过反复谈判，最后门巴族向珞巴族送了许多财物后才得以修建。仁钦崩寺的修建过程充满了曲折的故事。传说寺庙原址上有一棵大树，当树砍到一半时，大树发出哀鸣，百鸟狂呼，蛇虫纷纷爬出，原来这是一棵“鬼树”。得罪了“鬼灵”后，砍树人纷纷病倒。刚打完寺庙地基，顿时乌云滚滚，电闪雷鸣，暴雨大作，建寺者非病则亡，连高僧甘布巴都重病不起。后来，又从拉萨请来大德高僧驱鬼祭神。但寺庙白天刚修建后，晚上就被鬼灵拆除，最后还是在莲花生的神助下，寺庙才得以修建完成。

仁钦崩寺的修建过程，反映了藏传佛教传入珞渝时同珞巴族原始宗教的斗争过程。仁钦崩寺是白玛岗规模最为宏大的建筑，是一座有12面墙和东南西北四个门的石木结构的三层建筑，寺内有多座镀金铜佛像。1950年时，该寺毁于大地震，后重修为东西两门建筑。仁钦崩寺喇嘛最多时达到过40多人，大部分喇嘛住寺。“文化大革命”期间，仁钦崩寺被破坏，寺庙基本成废墟，仅剩寺墙。20世纪80年代后期落实宗教政策后恢复重建，1989年4月建成并举行开光典礼。1992年10月，林芝地区僧尼代表、佛教协会、民族宗教事务局领导和墨脱县的干部群众170余人，在林芝县拉玛林寺举行了莲花生塑像移交和迎送仪式，并于11月底运到墨脱县仁钦崩寺，由专职喇嘛管理。从此，仁

① 《门巴族简史》编写组，《门巴族简史》修订本编写组．门巴族简史．民族出版社，2008：91～92.

钦崩寺进入了一个新的历史发展时期。

东迁墨脱的门巴族身处珞巴族原始宗教盛行的文化环境中，虽然修寺建庙，供奉佛祖神灵，信奉宁玛教派，但他们固有的原始宗教信仰在墨脱仍得到很大的发展。从患病到死亡，直至安葬的全过程，都贯穿着巫师和喇嘛的活动。门巴族地区的佛事活动同藏区相应教派的活动大体相同，一年中各个季节都有念经活动。大的宗教活动仍以达旺寺为中心举行，日常小规模的宗教活动，以村为单位，在各村的经堂举行，具有浓郁的民间色彩。

《仓央嘉措情歌》图　（黄金国摄）

值得一提的是门巴族著名的藏传佛教格鲁派领袖——仓央嘉措，即六世达赖喇嘛（1683～1706年），是西藏历史上很有才华的一位诗人。他出生于藏南门隅之宇松的一个农民家庭，六岁时父亲不幸去世后，和母亲艰难度日。仓央嘉措的童年和少年时代都在家乡度过，常与一些社会地位低下的人交往，广泛接触到下层老百姓的生活。1697年，仓央嘉措被第巴·桑结嘉措选定为五世达赖的转世灵童，是年9月，被接到拉萨，法名是洛桑仁钦·仓央嘉措。是年10月25日，仓央嘉措被迎至布达拉宫，举行了坐床典礼。仓央嘉措成为五世达赖的继承人。1701年，固始汗的曾孙拉藏汗继承汗

位，与第巴·桑结嘉措争夺权力的矛盾日益尖锐。1705 年，第巴·桑结嘉措被处死。接着灾难也落到了仓央嘉措身上。1706 年，仓央嘉措被“解送”内地途中，据说行至青海湖滨时去世，时年 24 岁。有的记载中说他是舍弃名位、决然遁去，周游蒙古、藏、印等地，后来在阿拉善去世。仓央嘉措短暂的一生充满坎坷曲折，但他博才多艺，有多本著作流传于世，影响最大的就是他遗留下来的 60 多首仓央嘉措的情歌。

第三节　交相辉映的传统文化

在长期的历史发展进程中，门巴族以其聪明睿智创造了灿烂的民族传统文化。门巴族把自己深厚的情感注入民歌、舞蹈、叙事诗和戏剧之中，形成了独特的门巴族民间文学与艺术。原本深藏于高山峡谷中的门巴族文化正被越来越多的人所熟知。

一、“萨玛”酒歌和仓央嘉措的情歌

门巴族民歌曲调优美、流传久远，其中以“萨玛”酒歌和“加鲁”情歌最为奔放动人。门巴族热情好客，凡有客人到访都要拿出家中最好的美酒招待，直到客人喝醉方才满意，于是便催生出了“萨玛”酒歌这样优美的旋律。“萨玛”酒歌流行于门隅，多用于节日、酒会、婚礼、远行和生产中，歌词生动有趣，曲调欢快高昂。酒歌多为 7 个字或 9 个字组成一句，诗节无定数，多为歌颂赞美家乡的。常用比喻、渲染和夸张的手法，给人以豪放的感觉，抒发对崇高理想和美好愿望的勇敢追求。传说“萨玛”酒歌最早是由一位名叫拉布热的歌手创作的。他一生热爱唱歌，把欢乐留在人间，最后坐化成佛，被门巴族尊崇为歌神，由他创立的酒歌也因此传遍了整个门巴族地区。

有一首“萨玛”酒歌是这样深情地赞美门巴族家乡的：

家乡的山谷静谧安适，
太阳的光芒欢乐相聚。
祝愿相聚，永不分离；
如若分离，愿再相聚。
家乡的村寨静谧安适，
我们的亲友欢乐相聚。
祝愿相聚，永不分离，
如若分离，愿再相聚。

“萨玛”酒歌分多段体和独段体两种，以多段体居多。《白鹤歌》、《聚欢》、《流浪歌》、《逃亡歌》、《建屋歌》、《牧人歌》等都是“萨玛”酒歌的代表作品。即使在今天，门巴族的许多节日和喜庆场合里，人们仍举杯歌唱互相祝福，以比喻、夸张等手法抒发对幸福生活的渴望和追求。有时歌唱也会伴以舞蹈，常使用特殊的旋律装饰，形成了门巴族独有的风格特色。

门巴族酷爱歌唱跳舞，生活中的许多场景，如生产劳动、婚丧嫁娶、建新屋等都离不开歌舞。门巴族爱唱酒歌，也爱唱情歌，每逢年节或喜庆之时，在门巴族的山乡，“加鲁”情歌和“萨玛”酒歌如泉喷涌，情深意长。在门巴族地区，青年男女交往是很自由的，情歌自然也就成了联结门巴族青年男女心扉的纽带，感情含蓄、细腻，曲调清新动人，在门巴族民歌中占据重要地位。无论在墨脱还是门隅，门巴人有着世世代代唱不完的情歌，这种情歌，他们称为“加鲁”。其中，最为著名的就是仓央嘉措的情歌，正是这块民歌的丰地沃壤哺育出了像六世达赖喇嘛仓央嘉措那样著名的浪漫主义诗人。

仓央嘉措是门巴族人民值得骄傲的儿子。身为藏传佛教格鲁派领袖——六世达赖喇嘛的洛桑仁钦·仓央嘉措，敢于突破禁闭七情六欲的教规，以情歌大胆地倾诉孤寂与苦闷、热恋与渴望，为后人留下了一部不朽的诗作《仓央嘉措情歌集》，使门巴族和门巴情歌名扬四海。仓央嘉措被迎作达赖喇嘛之前，与下层人民接触广泛，经历了丰富的民间生活，又深受民歌的熏陶，具有很高的文学修养。他在短促的一生中留下了60多首情歌，他的情歌脱胎于门巴族民歌，在格律和风格上都保持着门巴族情歌的特色，充分表达了人类追求纯真爱情和美好生活的渴望。

从那东方山顶上，
升起皎洁月亮，
美丽姑娘面庞，
浮现在我心上。

仓央嘉措一生最大的成就，就是他创作的表现男女爱情的情歌。仓央嘉措的情歌多是六言四句的“谐”体诗歌，内容纯朴自然，语言通俗易懂，富有民歌风味，在民间广为传诵。

帽子戴在头上，
辫子撂在背后。
道声“请你慢走”，
回答“望你保重”。
说声“心儿悲痛”，
答道“很快聚首”。

仓央嘉措的情歌在门巴族民间文学史、西藏文学史乃至整个中国文学史上都占有极其重要的地位。这些情歌一直流传在民间，他本人则一直受到门巴族和藏族人民的深切同情与怀念。仓央嘉措作为17世纪末到18世纪初西藏动荡的政治舞台上的一个重要人物，其独特的经历、显赫崇高的宗教地位、政治斗争中悲哀无助的角色、让人疑窦丛生的结局，令后人对他留下的诗歌产生莫大的探索兴趣，吸引了很多学者对其诗歌进行深入的探讨，做出更准确的解释。[①] 仓央嘉措留下的不朽诗集《仓央嘉措情歌集》自问世三百多年来，长期在门、藏地区流传，在海内外享有盛名，获得了经久不衰的艺术生命力。藏文手抄本早就不胫而走，20世纪30年代，已有藏、汉、英三种文字对照本传世。截至目前，汉译版本就达十多种，有的被译成英、德、俄、日、印度和蒙古等多种外文，流传于世界上的很多国家。至今，门巴族地区仍流传着许多关于仓央嘉措的神奇传说。

“东三巴”是墨脱门巴族中流传的一种古老曲调，此种曲调浑厚古朴，具有浓厚的乡土气息和鲜明的民族特点。相传为门巴族从竹隅迁往墨脱时带来的，感情深沉、低沉婉转、如泣如诉，多反映过去农奴们的痛苦生活。

我饮山间的泉水，
别人都说甘甜。
苦味自己清楚啊，
我是没有米酒喝。
盛夏我又热又渴，
寒冬我冷得打哆嗦。
世上的人们啊，

① 最新译作可参见龙冬译．仓央嘉措圣歌集．北京十月文艺出版社，2011.

愿你们不要像我，
不要像我一样受折磨。

在过去艰苦的生活条件下，门巴人聚会时愿意唱这种沉闷的“东三巴”曲调，借以倾诉他们的困难生活。尽管现在已经不再支差，不再饥饿，但一些门巴老人还是喜欢这个曲调。每当夜幕降临，围着火塘或松明，饮酒唱歌，既沟通彼此关系，抒发自己的情感，忘却白天的艰辛，也借此提醒年轻人勿忘过去的艰苦岁月。现在，会唱“东三巴”曲调的门巴人已经越来越少了。

二、祭祀祖先和神灵的舞蹈

门巴族舞蹈可以分为宗教舞蹈和习俗舞蹈两大类。门巴语称宗教舞蹈为“巴羌”，是跳神舞，大多以模拟鸟兽形象为主要内容。每一项都须戴上特定的面具，穿着固定的服饰，叉腰、跳跃，以各种形式宣传扬善惩恶的宗教伦理观念。主要有“谢羌”（鸟舞）、“角包羌”（牛舞）、“帕羌”（猪舞）、“东金羌”（牛猪舞）、“甲穷羌”（大鹏舞）、“麦荣羌”（犬舞）等。还有集体鬼舞“列恩羌”，巫舞“东德羌”、“潘羌”、“枕羌”、“阿羌”、“喷任羌”等；习俗舞蹈有“颇章拉堆巴”（贺新房）、“旺久钦波”（人种的权威）、“嬉戏舞”、“牦牛舞”等。

门巴族平时就爱喝酒和歌舞，节日期间更是如此，常常通宵达旦地豪饮和歌舞。舞蹈在门巴人的世俗生活中扮演了非常重要的角色，多用民歌伴奏，曲调较丰富。民间常见的门巴舞，主要有专用于祭祀祖先和神灵的“绰”，属于祭典性鼓舞。在错那一带称作“果谐”的舞蹈，在墨脱、米林东部地带则称为“卓枪”或“夜枪”。东部“果谐”的节奏强烈，音乐与藏族锅庄非常相近；西部“果谐”则轻快活泼，音乐抒情明快。此外，民间还存在一些知识性、趣味性和娱乐性较强的游戏歌舞，音乐欢快、简洁，往往充满了劳动的喜悦之情。

门巴族的习俗舞蹈在民间根深蒂固，它是人们在日常生产生活过程中，从大自然提取出形体和律动，表现出人类的灵魂和自然的合一，抒发自己对美好生活的热爱和向往，通过身体语言倾诉衷肠。如“颇章拉堆巴”即“贺新房”舞，是门巴族盖新房子时跳的一种舞蹈，流行于勒布地区。舞蹈由一位男性老者表演，基本动作是：双臂高举过顶，双手做旋转挽花之势，上身微躬，双腿微弓做横侧移动，穿插着盖新房的模拟动作。表演者边舞边歌，就房基、墙角、四壁、门窗、屋顶等均各舞唱一段，表示对新房的赞美，曲调亲切，动作优美。

有的舞蹈也可穿插进故事情节。有一个舞蹈表现的是一个年轻人专做坏事，捕杀动物，乱砍树木，往水里扔脏东西，欺辱妇女，辱骂老人，引起了人们和动物的公愤，大家群起而攻之。这个年轻人四处不得安生，结果逃到阎王殿，遭到严惩，判他转生为他前生曾肆意虐杀的小动物。

门巴族早期傩戏和宗教舞蹈中有生殖崇拜表演。“主巴大法会”第一天的第一个活动就是跳名为“德羌”的生殖舞。舞者仅一人，必须是寺庙中地位较高的上层喇嘛。在“曲称巴”（维护僧纪的僧人）、两名手举芸香的僧人和两名吹法号的僧人引导下，舞者缓缓登场。先摸摸挂在阴部的木制男性生殖器，又摸摸自己的鼻子，踏着鼓钹的节奏开始起舞。舞者先抬右脚，身体往左侧摆动；放下右脚抬左脚，身体往右侧摆动。接着向左旋转约 180 度，又向右旋转约 180 度，再由左向右旋转 360 度绕圈，同时做出各种象征性动作，围绕广场跳一周。跳“德羌”时，气氛严肃，观众不得喧哗嬉闹，全场肃穆，只能听见鼓钹声和舞者的脚步声。跳“德羌”的目的是驱赶邪祟，确保祥和安

泰以及法会的顺利进行。[①]

门巴族有一个创世纪性的早期傩戏《阿拉卡觉父子》，其故事内容大致是这样的：与百鸟为邻生活在喜马拉雅山南坡森林中的猎户，遇魔障，祈求得大鹏之神“甲”来降魔。猪、牛诞生，祈求土地神为之供养，但又有魔鬼“杰”来降灾。猎户父子三人在猪神、牛神的帮助下伏魔，且将其赶入地狱。获得安宁的猎户阿拉卡觉为两个儿子欲娶两个公主，另两个王子闻讯起来抢亲，由此引起了一场战争。猎户获胜，从此安心打猎，但又与另一猎人赤列·贡布多吉争抢猎物。尊者米拉日巴为之说法劝化，贡布多吉悔罪修行，猎户则继续渔猎不止，直至老死。善人贡布多吉和罪人猎户父子的灵魂来到地狱受审，最后各得报应。这个祭祀戏剧，一般穿插于门巴族宗教舞蹈“羌姆”中表演。

门隅北部勒布地区门巴族的“羌姆”，有吉巴村、贡日村、贤村的“热那羌姆”和色目村的“连卓羌姆”两种。它们的节目、角色和内容、形式完全一样，只是“连卓羌姆”表演得较为缓慢而简单，“热那羌姆”表演比较活泼、热闹而复杂一些。在节目之间不断穿插表演傩戏《阿拉卡觉父子》中的片断，这些片断中就有猎户和禽鸟祈请天神大鹏来降伏妖魔。妖魔“杰”穿戴一般俗人的面具和衣装，手持一个木制男性生殖器，表演时狂舞乱跳，给人和鸟带来灾难。后面一段表现世俗生活时，猎户的大儿子手拿妖魔的那个木制阳具，用来引诱抓擒天上和地上的飞鸟鸡禽等。别的人劝他不要杀生，他还不听。在表现兄弟二人娶亲结婚时，大儿子又拿着那个“阳具”当作酒壶做出往酒杯里倒酒的动作，然后敬二位新娘。舞蹈既表达了通过生殖崇拜，繁衍兴旺、生生不息的愿望，也在祭祀的神圣性中掺入了世俗的谐谑色彩。

---

① 陈立明．门巴族生殖崇拜文化探析．民族文学研究，1998（3）．

过去门巴族的舞蹈主要在宗教节日和藏历新年的时候表演，没有专业表演人，由村里寺庙组织。经过民主改革后半个世纪以来经济、社会、文化的变迁，像藏历新年时的跳神活动等，宗教色彩已经逐渐淡化，更多的是村民的自娱自乐，发展成一种民族传统文化和艺术。而习俗舞蹈依旧在门巴族民间流行。

三、叙事诗与门巴戏

门巴族没有文字，对于生活中的重大事件只能口耳相传，在传承过程中不断地添加传授者的主观认识。因此，门巴族的口头文学十分丰富，尤其擅长诗歌的创作。

门巴族叙事诗由牧歌发展而来，采用散体歌谣形式。每句音节无定数，一般是三句或五句一个诗节，每首或每章由若干诗节组成。演唱时表演者化装披饰，手牵牦牛，边歌边舞。长篇叙事诗《太波嘎列》是门巴族叙事诗的代表作品，全诗共十四章，歌颂传说中的牧业始祖太波嘎列的事迹。生动细腻地反映了各种牧业生产劳动的发生和发展，是一部规模较大、流传较广的作品。叙事诗的主人公太波嘎列是门巴族的牧业始祖，他出身于贫苦人家，很小就失去了双亲，游荡在深山与群兽为伍。后来，他来到了白玛拉姆湖边，见到拉加贡姆神鸟在沙滩上生了三个蛋，蛋变成了黑、白、花三种毛色的牛。他牵回黑牛，从此门巴族有了牧业。叙事诗从人们对太波嘎列的召唤祈求开始，详细叙述了神牛的降生、牵牛、放牧、搭帐篷、修炉灶、拴狗、挤奶、打酥油、迁牧场等场景。生动形象、详尽具体地反映了门巴族牧业生产劳动的全过程，具有浓厚的写实特征。相传太波嘎列还是搭帐篷、修炉灶的发明者，深受门巴族的崇敬。现在，能够完整演唱民间叙事诗《太波嘎列》的门巴族老人已经所剩无几。

门巴族还有一种以歌唱、舞蹈等形式表演故事的民间戏剧，俗称

门巴戏。大约产生于18世纪末，流行于喜马拉雅山东南的门巴族聚集区。门隅达旺寺为发祥地，后传至邦金、勒布等地。按习规只有六名演员和一名司鼓铙者，演员分别扮演或串演多种角色，串演不改装。其剧本是直接使用藏戏的藏文剧本，民间习惯称门巴戏为“门巴阿吉拉姆”，而“阿吉拉姆”是藏族人对藏戏的称谓。这种戏剧形式深受藏戏的影响，但音乐是在门巴民歌的基础上形成，由民间舞蹈演变发展而来。内容有不少因果报应、劝善惩恶的成分。很久以前，门巴族为了祈求丰收和镇鬼酬神，要举行巫术活动，由此出现了宗教舞蹈，即“跳神”。这些宗教舞蹈加以情节化后即成为古代戏剧。门巴戏保留了戏剧的早期形态，过去在墨脱的几个大的寺庙，每年都要举行跳神仪式。在“主巴大法会”上，还要表演门巴戏剧。与跳神不同的是，门巴戏有完整的故事情节，有说、白、唱、念等艺术手段。藏历正月初一至十五是门巴族喜庆的日子，新年节庆期间，门巴族集中在全村宽敞的地方唱歌跳舞，表演一种叫作“错木”的门巴戏剧，舞蹈和戏剧要持续演出五六天。

门巴戏有三种表现形式：一是渊源于宗教跳神的门巴傩戏，如演出时间为半天的《中索羌》；二是在神话传说、民间歌舞和宗教跳神基础上产生的戏剧形式，如要连续演出两天的《噶玛如巴斯朗巴多》；三是借鉴、吸收藏戏艺术养料而形成的门巴戏剧，如《诺桑法王》，还有门巴族僧人创造的《卓娃桑姆》等。门巴族传统戏剧中最为著名和古老的《阿拉卡觉父子》，一般在大型宗教活动中演出，共分为五场出演：第一场“降魔”，第二场“兴旺”，第三场“人间”，第四场“出猎”，第五场“地狱”，内容反映门巴族抗争并取得胜利的故事。表演时戴面具，不同的动物形象还要身披不同的饰品，多以动物的皮革、羽毛披挂在身。表演中模拟各种动物的姿态和动作。人物道白很少，跳时不唱，唱时不跳。使用的乐器是巫师跳神时的鼓和钹，只有一人击打乐器，没有固定的戏班和专职演员。这出戏的表演形式十分粗犷和古拙，保留着早期戏剧的古老面貌。演出以歌舞为主，可以说是一部古老的歌舞剧，是门巴族文化形态的综合反映。

西藏名剧《卓娃桑姆》是门巴族和藏族家喻户晓、共同喜爱的优秀剧目。据传这是门巴族喇嘛梅惹·洛珠嘉措创作的。门巴族的故事流传到藏族，藏族将它改编为藏戏，之后这出藏戏又回到门巴族中，深受门巴族喜爱，改为门巴戏，在门隅的勒布一带广为传唱。内容取材于门巴族噶隆旺布与他的两个妃子的故事。

故事发生在门隅与印度交界的地方。当地门巴族土王噶隆旺布的妃子哈香兑姆是一个妖女，成婚数年，未生儿育女。一天，噶隆旺布外出打猎偶遇美丽的卓娃桑姆，她是一个信奉佛教的仙女，从天国飞临人间。噶隆旺布将她带回王宫，娶为王妃。卓娃桑姆嫁给土王后，把佛教也带到这个地方，自此所有臣民都信仰佛教，妖女哈香兑姆气急败坏。后来，卓娃桑姆生下一儿一女，与土王恩爱有加。妖女嫉妒怨恨，发誓要吃掉卓娃桑姆母子三人。为了逃避迫害，卓娃桑姆飞回天庭。哈香兑姆用毒药使噶隆旺布中邪发疯，将他关进黑牢。后来，卓娃桑姆的儿子长大后，杀死哈香兑姆。为了防止哈香兑姆再出来害人，将她埋入九层地下，上建镇妖塔，随后又救出噶隆旺布土王。《卓娃桑姆》在流传过程中，不断提炼加工，情节日臻完善，艺术水平日益提高，成为西藏著名的八大戏剧之一。

门隅地区各寺院及大村寨都曾经有过职业或业余的门巴戏戏班，所演剧目有《诺桑法王》、《卓娃桑姆》等，1980 年曾应邀赴拉萨参加雪顿节演出。随着知晓门巴戏的老人越来越少，门巴戏的部分剧种已经消失，门巴戏也濒临失传的尴尬境地。1987 年，地方政府组织恢复了门巴戏团，1991 年演出中止。1996 年，门巴戏参加了西藏自治区戏剧会演，被誉为“天外飞来的门巴戏”。2006 年，门巴戏作为国家级

非物质文化遗产开始了继承、抢救和保护。2007年年初成立了门巴戏民间文艺队，聘请当地老艺人进行指导和编排。现在，门隅的勒布沟门巴戏民间文艺队已经有12位门巴族队员，队长格桑旦增被文化部授予“全国非物质文化遗产门巴阿吉拉姆乐器师传承人”。2007年年底，门巴戏被正式列入国家级首批非物质文化遗产名录，门巴戏得到了全面的保护和发展。

四、吹起那动听的“里令”

门巴族表演歌舞时常用乐器伴奏，流传的乐器多与藏族乐器相同。主要的传统乐器有“里令”（双音笛）、“森萨让布龙”（竖吹五孔笛）、“塔阿让布龙”（横吹五孔笛）、“基斯岗”（竹口琴）、“比永”（牛角琴）等。藏传乐器有神鼓、钹、铃以及各种各样的号等。门巴族最具特色的乐器是四个音孔的笛，类似羌笛，也有别于我们现在吹的六个音孔的箫和笛。四孔笛和东三巴曲调，至今还流行在墨脱县的门巴族中。夜晚的火塘边，老人吹笛，如泣如诉，余音袅袅，缅怀本民族的历史，把人们带到过去苦难历程的回忆中。往往引起听者的情感共鸣，听众深夜不散，有人禁不住流泪抽泣。

“里令”，又叫“双音笛”，是一种双音竹笛或双管竹笛，流行于门隅地区及墨脱、林芝等地。“里令”长约34厘米，管体是用两支竹龄较老、粗细相同的无节小竹合并而成。两管接触处削平，再把蜜渣、彩色珠子镶嵌在两管的夹缝里，用丝线固定双管，管上留有一排小孔。“里令”音量较小，音色明亮。

“举阿让布龙”，一种五孔笛，单管横吹，用塔巴竹制成。长约45厘米，直径约2.5厘米，声音浑厚回润，主要流行于门隅和墨脱。

神鼓，门巴语称为“拉额”，是门巴族广泛使用的一种大众化乐器。神鼓有大有小，鼓框是用数块竹片拼合而成，用竹编和藤编包裹，呈环凸状。鼓框的一侧有木制手柄，右侧鼓面蒙一层野山羊皮，左侧鼓面滚家山羊皮。鼓槌是木制的，弯成弓状，槌头蒙一层羊皮，羊皮里面再塞一些羊毛，这样既能保护鼓面，又可以使鼓声柔和。神鼓音色浑厚深沉，在宗教活动中或节日喜庆活动中都使用它来伴奏。

第四章

人口规模及其结构

长期以来，门巴族的社会生产力一直处于十分低下的水平，人口问题始终是门巴族社会发展中的头等大事。在门巴族民歌中，也充分表达了门巴族对人口繁殖的强烈祈盼。

圣洁的娘拉佣措啊，
你是一只白鹤从天从九天降落。
白鹤啊，你展开的左翼，
伸向那巍峨的金刚山。
祝愿啊，人生命长，寿比金刚山。
白鹤啊，你展开的右翼，
伸向那茂密的檀香林。
祝愿啊，子孙后代，比檀香林还密。

第一节　饱受苦难的民族

门巴族属于我国人口较少民族，由于非法的“麦克马洪线”的分割，目前尚不能对其人口进行精确统计。

一、历史和自然原因导致的曾经人口停滞

由于历史和自然的原因，门巴族社会发展缓慢，人口增长也极为缓慢。藏历阳火猴年（1656年），五世达赖罗桑嘉措派两名官员前往门隅，协助门巴族喇嘛梅惹·罗珠嘉措管理门隅政教事务，梅惹要求门隅头人索卡尔娃带领百姓欢迎，每户献鸡蛋1个，共得鸡蛋3000个，可知当时有门巴3000户。自1656年之后的200多年中，西藏地方政府三次调查门隅户口，都未超过3000户。[①] 藏历阳铁猴年（1920年），西藏地方政府清查门隅户口，有交差户2607户。藏历阳金龙年（1940年），错那宗本奉西藏地方政府之命，为供奉即将举行坐床典礼的十四世达赖喇嘛，曾在门隅地区清查户口，造了差巴户的清册，门隅共有差巴户2216户，包括免差户，估计约3000户。若以每户6口人（墨脱门巴族平均每户6口人）计算，有人口1.8万人。[②] 以上情况说明，1656～1940年近300年间，门隅门巴族人口发展处于停滞状况，有时甚至出现下降趋势。

西藏民主改革前，门巴族大多数地方仍以木制工具为主，采用刀耕火种、轮番休荒的原始耕种方式，狩猎和采集经济占有相当比重，在信仰上还保留着浓厚的以自然崇拜为特征的原始宗教。低下的生产力水平、严酷的自然环境，浓重的原始文化氛围，为门巴族的生殖崇拜提供了一块适宜生存的土壤。赵国华先生在《生殖崇拜文化论》中精辟地指出："生殖崇拜的实质是人口问题，生殖崇拜植根于原始的产

---

① 《门巴族简史》编写组，《门巴族简史》修订本编写组．门巴族简史．民族出版社，2008：5

② 陈立明．门巴族生殖崇拜文化探析．民间文学研究，1998：3.

食经济，它在生产力低下的社会环境中延续着生命。”① 事实也正是如此。在旧西藏，门巴族等民族的人口增长长期处于极其缓慢的状态。

门隅北部勒布区地广人稀，在沉重的封建农奴制的剥削和压迫下，人口增长缓慢，劳动力匮乏，若遇上瘟疫，则人口锐减。1940 年，勒布四措（即现今勒布的四个门巴民族乡）有户口 108 户。② 除去封建农奴制的剥削和压迫外，门巴族居住区生存条件恶劣，缺乏最基本的医疗条件，婴儿死亡率极高，这一切因素导致人口增长缓慢。高出生率和高死亡率现象突出，妇女一般都早生早育，存活率很低，平均每个妇女生 5～6 胎，存活 1～2 胎。门巴族曾有早婚早育的习俗，平均结婚年龄为 15～18 岁，也有个别 15 岁以前结婚的，有的门巴族还不到 30 岁，就已经有五六个孩子，这与经济社会发展水平有着密切联系。由于门巴族人口少，在生产力极端低下的情况下，通过早婚的形式，一方面能增加家庭劳动力，另一方面，结婚年龄小，妇女的生育周期长，在家庭人口的数量和存活率上有一定的保障，多生才能弥补不足。

二、传染病和地方病的肆虐

西藏和平解放前，门巴族地区没有一所医院，没有现代意义上的医生。生病后只能用当地土法治疗，或者求神问卜，祈求神灵祛病消灾。1951 年西藏和平解放后的一段时期内，门巴族的医疗条件仍没有根本改善，各类疾病时常发生，普遍缺医少药，人口死亡率很高。

墨脱县属于山地热带和亚热带气候，炎热潮湿，易受疾病侵扰。当地门巴族又缺少足够的预防疾病的常识，致使疾病流行，其中流行性痢疾、疟疾、天花、水痘、百日咳、麻疹等都是多发病。由于

---

① 赵国华．生殖崇拜文化论．中国社会科学出版社，1990：391.

② 吕昭义，红梅．门巴族——西藏错那县贡日乡调查．云南大学出版社，2004：18.

医疗条件的限制，一旦遇到疾病流行，常常迅速传播，无药可救。生活在这里的门巴族和珞巴族多用原始宗教的杀牲祭祀、跳神驱鬼和拜佛念经等方式应对疾病的困扰。西藏和平解放初期，随着政府工作组和中国人民解放军的到来，现代医药才为各族人民逐步接受和认知，各种流行病才渐渐被遏制。在20世纪60～70年代，墨脱曾有过几次大的疫情，当时控制疫病的能力仍然很差，只是在驻墨脱县边防部队医疗机构和县医院的现代医疗卫生体制建立起来后，流行病才逐步得到有效防治。①

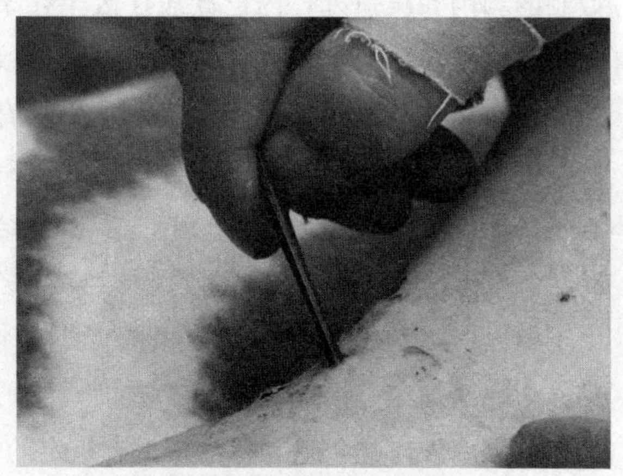
拔出钻进体内的蚂蟥　（庞涛摄）

根据对墨脱地区门巴族妇女生育情况的抽样调查，发现门巴族社会人口生产呈现高出生率和高死亡率的特点。在两个门巴族村寨，调查发现8名妇女平均生育9.5胎，而成活率仅为49%，死亡率高达51%。②

第二节　门巴族人口的发展与预测

现代医疗体系的逐步建立使门巴族健康水平得以明显改善。尽管门巴族人口数量较少，但作为西藏地区人口的重要组成部分，其民族

① 张江华，揣振宇，陈景源．雅鲁藏布江大峡谷生态环境与民族文化考察记．中国藏学出版社，2007：137．

② 姚兴奇．漫述门巴族雕塑．西藏研究，1992（3）．

素质的提高，对繁荣地区经济，加快民族地区经济发展起着重要的作用。

一、现代医疗体系的建立

新中国成立以来，党和政府一直对门巴族实行免费医疗的保健制度。西藏和平解放后，门巴族的医疗卫生事业取得了稳步发展，各种疾病疫情得到了有效防治。西藏和平解放后，党和人民政府就非常重视门巴族的健康状况。民主改革后，门巴族聚居区的政府和卫生主管部门为门巴族培训卫生员，建立了卫生所，配发了常用的医疗器具和药品。党和政府在勒布乡建立一个中心医疗所，一般的疾病都可以在这里得到治疗。为方便出诊和得到及时治疗，各乡培养了一批赤脚医生。随着科学知识的普及和医疗卫生条件的改善，门巴族求神问鬼的现象已经大为减少，生病时求医问药已经成为治病的主要渠道。各级政府积极在门巴族地区修建医院，派遣医务人员为群众防病治病，调配医务人员赴错那和墨脱门巴族聚居区筹建了错那和墨脱县人民医院，克服重重困难，将大批医疗器材和药品运进错那和墨脱。勒布地区的 4 个乡在 2005 年都建立了卫生院，更章门巴民族乡的卫生院也已落成。门巴族地区乡有卫生室或卫生院，村有医疗点，当地驻军也免费为门巴族防病治病，初步改变了门巴族缺医少药的情况。

20 世纪 50 年代初，党组织派出工作组进入墨脱开展工作。出发前对所有参加工作组的干部进行培训，要求他们掌握一定的医疗卫生知识，以便在开展工作的同时为群众解决疾病痛苦。这些工作组成员简单的医疗卫生知识产生了极大的社会影响，以至于墨脱县的各族人民误认为这些以汉人为主的工作组人员都是医生。

雅鲁藏布江边的村庄　（庞涛摄）

1956年4月，中共西藏工委就曾指示塔工分工委社会部组成10人医疗队，专往珞渝地区负责朝山期间的医疗工作。其后墨脱县建立了县卫生所，这是墨脱县第一所现代医疗机构。最初，卫生所规模很小，仅有两名医生、五张病床，药品奇缺，只能治疗简单疾病，而乡村则无正规医生为群众提供医疗服务。鉴于卫生条件差、疫情多发、缺医少药的实际情况，县卫生所努力进行以预防为主的卫生保健工作，1960年在全县培训卫生保健员25名。这些卫生保健员和20世纪60年代以后培养起来的一批赤脚医生，成为在乡村为群众防病治病的重要力量。1960年县卫生所改制为县医院，规模有所扩大，有医务人员5名。另设5个卫生所，包括一个边防医疗站，医务人员共6人。1975年7月，拉萨市援助墨脱县的医疗工作队一行5人进入墨脱县，帮助开展医疗卫生工作，门巴族医疗卫生事业才有了一定起色。70年代的墨脱县医院，设备落后、条件简陋，1977年县医院为运输药品，养了

两匹马，那是当时唯一的交通工具。直到 1977 年 7 月 6 日，湖南省援藏医疗队湘潭分队抵达墨脱县后，这种状况才真正有所改观。湖南省援藏医疗队不仅在县医院开展医疗救助，更重要的是还担负起对县医院工作人员进行必要的业务培训的工作。下基层巡诊时，顺便培训乡村接生员和卫生员。医疗卫生条件的改善，提高了当地群众的抗病能力，当 1978 年 9 月全县发生流行性脑炎和疟疾时，80％的人染疾，但只有 9 人死亡，这是医疗队来之前难以达到的最佳效果。这些措施使墨脱县医疗卫生工作大有起色，基本步入正轨。①

20 世纪 80 年代以后，墨脱县医疗卫生工作逐步进入了稳步发展阶段。1989 年 3 月，县卫生防疫站正式成立，标志着卫生防疫工作已经进入正规化、专业化的阶段，这对一个疫情多发的地区是极为重要的。此后，爱国卫生运动、妇幼保健、计划生育等相关机构也都建立起来并开展工作，医疗机构逐步完善。到 1990 年年初，全县有县级医院 1 所，8 个乡（镇）都建立了卫生所，还有乡村医生和卫生员，初步形成了县、乡、村三级卫生网。民族医务人员的成长，是门巴族医疗卫生事业发展的一个突出标志。门巴族过去没有医生，必须培养一批门巴族自己的医疗卫生工作者。各级政府通过多种途径和渠道培养人才，先后选拔了数十名优秀青年，保送到地区人民医院和解放军医院举办的医训班学习，还选拔人员到一些医疗院校和卫生学校学习深造。

通过几十年的发展，现在在门巴族居住区，已经建起县乡的三级医疗网络，彻底消灭了严重危害健康的恶性传染病，疟疾和地方病得到了有效防治。妇幼保健事业也得到迅速发展，彻底改变了妇女儿童体弱多病、婴幼儿死亡率高的状况。随着人们生活水平的提高和医疗卫生事业的发展，人民的健康水平日益提高，平均寿命已从西藏和平

---

① 张江华，揣振宇，陈景源．雅鲁藏布江大峡谷生态环境与民族文化考察记．中国藏学出版社，2007：137～140.

解放前的不到40岁上升到今天的65岁以上。[①]

二、人口的新变化

西藏民主改革后，门巴族人口发展有了新变化。初步统计，从民主改革到20世纪七八十年代是门巴族人口迅速增长时期，出现高出生率和低死亡率的特点，每个妇女平均生育4～5胎。以错那县勒布办事处的贡日村为例，在民主改革时只有116人，到1976年时人口已经增加到163人（不包括从本村出外参加党政机关和企事业单位的人），净增人口47人，总增长率为40.5%。[②] 从80年代中后期开始，由于结婚晚、生育率降低，门巴族人口增长速度有所减缓。

1982年人口普查时，全勒布地区常住人口为527人，20年后的2003年，全区人口为580人，但个别地方人口增长仍然很快。这些数据表明自西藏民主改革以来，广大门巴族翻身做主，基本生活条件和医疗卫生得到保障，人口有了很大的发展。1976年时，墨脱县人口6248人，2003年墨脱县人口10 067人，27年增加了62%，是全国人口最少的县之一，其中门巴族占73%，其余是珞巴族和藏族。[③] 另一方面，在我国各地人口年龄逐步进入老龄化后，西藏像门巴族这样人口较少民族的年龄结构的优势就体现出来了。以错那县勒布区贡日门巴民族乡为例，19～55岁的劳动力占全乡人口的51.2%，可见，门巴族劳动力是相对富足的。

贡日门巴族民族乡人口的性别结构中女性略多于男性，调查发现，在60岁以上年龄组中，女性多于男性，70岁以上也是如此。村民也意

① 《门巴族简史》编写组，《门巴族简史》修订本编写组．门巴族简史．民族出版社，2008：126.

② 吕昭义，红梅．门巴族——西藏错那县贡日乡调查．云南大学出版社，2004：19.

③ 张江华，揣振宇，陈景源．雅鲁藏布江大峡谷生态环境与民族文化考察记．中国藏学出版社，2007：2.

识到上述现象，他们认为男性由于酗酒和抽烟，50岁以后疾病缠身，一般早于妇女亡故。少数没有这种生活习惯的男性可以活得较长，但是长寿的还是女性为多。① 根据1976年门巴族社会历史调查组对贡日乡色目村人口基本状况调查，再结合云南大学2003年中国民族村寨调查，19～35岁以下的3个年龄组中，各年龄组所占人口比重，2003年比1976年呈现明显下降趋势；在36～55岁以上的3个年龄组，各年龄组所占人口比重则呈上升趋势，上升幅度最大的是60岁以上的年龄组。这表明，年龄结构提升是色目村人口变化的一个演变趋势。

门巴族儿童　（柯炳钟摄）

在勒布区的贡日门巴民族乡，妇女的结婚年龄为21～23岁，最小的为18岁，初产妇女的生育年龄一般在23～26岁。贡日乡的两个村，大多数育龄妇女生两胎，头胎一般在23～26岁，二胎在29～35岁。也有一些妇女生两胎以上，其中有的是亲属中没有小孩，生下长到五

① 吕昭义，红梅．门巴族——西藏错那县贡日乡调查．云南大学出版社，2004：22.

六岁就由亲属家领养。①

在勒布的麻玛、贡日、吉巴和勒4个门巴民族乡，家庭普遍都接受了少生和优生的观念，自觉地实现家庭生育计划。除了各级政府积极宣传和采取相应医疗措施外，最主要的原因是实行家庭联产承包责任制后，家庭成为经济生活的基本单位，妇女要承担繁重的农业和家务劳动，男子上山放牧时，每过七八天，至多十天，家中妇女就要往山上送粮食和蔬菜。如果生的孩子多，妇女就没有时间干活了，会影响家庭生产和收入；其次，门巴族传统中没有男尊女卑、传宗接代等观念，在现实生活中妇女地位较高，没有强烈的求子嗣的愿望。传统上门巴族也没有形成家族、宗族势力，也没有多生子女，壮大家庭势力的欲望。

三、人口的分布格局

在西藏境内的门巴族与藏族、珞巴族呈大杂居、小聚居状态的分布格局。

据1982年第三次全国人口普查统计，我国实际控制线内的门巴族人口是6248人。到1990年第四次全国人口普查时，门巴族人口已增长为7475人，8年人口增长19.6%。其中，门隅北部错那县勒布地区有552人，约占总人口的7%；上珞渝的墨脱县有6064人，约占总人口的81%；林芝县有534人，约占总人口的7%；另有325人零星分布在米林、乃东、拉萨等县、市或者在内地学习和工作，约占总人口的5%。

到2000年第五次全国人口普查时，门巴族仍是我国人口不足万人的7个少数民族之一。根据2000年第五次全国人口普查统计，我国实

---

① 吕昭义，红梅．门巴族——西藏错那县贡日乡调查．云南大学出版社，2004：35.

际控制区内的门巴族有 8923 人，其中西藏自治区有 8481 人，具体分布情况：林芝地区的墨脱县有 6905 人；林芝县的更章门巴族乡有 468 人，加之在该县其他地方散居者，地县各机关单位和企事业单位工作等有 175 人，共计有 643 人；米林县散居或在县各机关单位和企事业等单位工作的有 178 人。因此，林芝地区的门巴族占西藏自治区能够普查到的门巴族人口的 80%以上，总计 7737 人；另外，山南地区错那县勒布 4 个门巴民族乡有人口 612 人，加上错那、乃东两县相关机关单位和企事业单位工作人员等有 40 余人，共计 668 人。同时，自西藏民主改革后，特别是改革开放以来，由于参加国家公职人员、从事个体商户、婚嫁、求学、企事业从业等职业形式的多元化，部分门巴族生活在西藏自治区外，人口共计 442 人。

经过 10 年的发展，到 2010 年第六次全国人口普查时，门巴族人口达到 10 561 人，首次突破万人大关，成为这个曾经弱小民族历史发展上的一件大事。

四、提高民族人口素质，发展民族经济

一个民族的年龄结构变动，可以反映出这个民族在不同历史时期的人口结构演变过程，它既是人口生育率与死亡率的变化，又是未来人口结构发展的基础。通过分析门巴族人口年龄结构变化对老龄化的影响，发现经过 10 年变动，到 2010 年门巴族出生人口数量有所增加，青年人口在总人口中的比重较大；到 2030 年，预计出生人口的增长速度几乎保持不变，从 5～9 岁组到 35～39 岁组，经过 30 年的变动，女性人口数量偏高于男性，青年人口在总人口中仍占很大比重，成年人口在总人口中的比重有所上升，人口开始步入成年型；到 2050 年时，预计出生人口依然呈增长趋势，青年人口和成年人口在总人口中的分布比较均匀，而老年人口在人口总数中所占比重开始上升，55 岁及以

上年龄人数增加迅速，尤其是高龄人口相对于前几个时期有较快增长，即门巴族将在2050年开始进入老龄化。①

人口总量的增长必须与经济社会发展相适应，与社会所能提供的物质资料的增长及自身生存环境相适应，使人类自身生产与物质资料生产协调一致，否则就会阻碍人类社会的发展。在一定的经济发展水平下，人口总量和人口素质的改善与人口生活水平和生活质量的提高成正比。通过分析预测未来50年门巴族人口的发展状况以及对民族地区经济发展的影响，可以看出，门巴族总人口呈增长趋势的条件下，其人口总数的增长，相对于西藏地区整体经济不会产生较大的影响，而只能影响本民族经济发展。所以，提高门巴族人口数量，保障经济发展有充足的劳动力，有利于壮大门巴族本民族经济的发展。②

门巴族母子　（刘芳贤摄）

门巴族地处偏远山区，本民族人口整体教育水平较低，不能很好地学习和掌握先进的文化、技术。门巴族聚居地区虽拥有比较丰富的自然资源，但因人口素质较低，不能将先进的技术应用于生产，导致资源优势不能转化为经济优势，使得门巴族人民的生活相对于全国人民生活水平提高缓慢。受传统文化的影响，部分门巴人不太重视现代教育。1999～2000年由国家民族事务委员会组织的我国人口较少民族调查发现，墨脱的门巴、

① 王春蕊，王金营．中国门巴族未来人口预测与民族地区经济发展研究．西北人口，2007（1）．

② 同①。

珞巴学生能够上初中、高中的屈指可数，能有机会接受高等教育的更少。[①] 要改变民族地区落后面貌，加快民族地区经济的发展，固然需要引进技术设备、增加资金投放、取得优惠政策，但最重要、最根本的还是提高本民族人口素质，加大教育力度。尽管门巴族人口数量较少，但作为西藏地区人口的重要组成部分，其民族素质的提高，对繁荣地区经济，加快民族地区经济发展起着重要的作用。

第三节　门巴人才成长记

门巴族的现代教育从无到有，已走过了近 40 余年的历程，呈现出立体发展的格局，形成了较完善的教育体系。今天，门巴族地区乡乡有小学，村村有夜校，有了一支本民族的教师队伍，有了数量不少的大学生、中专生和各类专业技术人才，成人的文盲率逐年降低，全民族的文化素质普遍提高，一批批门巴人才迅速成长起来。

一、从夜校开始

门巴族有自己的语言，属汉藏语系藏缅语族藏语支，方言差别较大，无本民族文字，多通晓藏语，通用藏文。门巴族在其历史发展的漫漫岁月中，形成了自己的一套传统的教育方式。门巴族没有本民族的文字，决定了门巴族的传统教育是通过以社会、家庭教育为主的方式，掌握生产技能和生活经验；同时，藏传佛教在门巴族地区的传播和立足，佛教寺院在门巴族地区的大量出现，又造就了一批懂藏文和藏传佛教文化的门巴族僧职人员。当时，西藏地方政府在门隅地区推行“僧差”制度，即一户家庭如有三个儿子，则次子必须入寺为僧。

① 朗索曲杰．西藏门巴族和珞巴族经济和社会发展调查报告．中国人口较少民族经济和社会发展调查报告（打印稿），2001：298.

因为宗教活动的需要，僧人就学会了一些藏语文。在封建农奴主和政教合一的僧侣贵族的统治下，门巴族地区和其他藏区一样，没有现代意义上的学校，只有少数人跟着喇嘛学会一点藏文，大多数人都是文盲。在民主改革前，同人口数量一样，门巴族的整体素质和经济社会发展同样都处于停滞状态。

自西藏民主改革以来，党和政府把发展门巴族民族教育作为大事来抓。从人民政府派出的少数民族工作队进驻门巴族地区开始，民族教育问题便被列入民族解放、民族平等的议事日程。民主改革前，门巴族地区没有一所学校，门巴族的现代教育是从20世纪五六十年代开办夜校起步的。为了帮助门巴族群众学习文化，相继在门巴族聚居的勒布区麻玛和墨脱开办了夜校，教授藏文和汉文，受到门巴族群众的热烈欢迎，取得了很好的效果。由于夜校形式灵活、投资少、见效快，非常适应门巴族地处偏僻、居住分散的实际情况。这一早期的办学形式一直被保存下来，使一批批门巴族成年人脱掉了文盲的帽子，成为门巴族成人脱盲教育和学习文化知识的重要形式。

地处雅鲁藏布江峡谷高山上的德兴乡，人口总共1712人，其中门巴族有1696人。这里90%的群众是文盲，20岁以下的青年有95%的人只读完小学一年级。乡里从2003年6月开办扫盲班，每次上课的青壮年山民在30人左右，每晚7点30分上课，10点30分下课。给学员上课的内容多是教他们如何写借条、领条、留条、欠条和一些最基本的算账法等内容。格桑卓嘎是林芝地区一小来德兴的支教老师，她说，在扫盲班刚开班时，门巴族群众还不愿来，主要原因是一天的忙碌太累了，上课人数最少时只有9人。德兴乡党委书记杨明强说，为了提高乡民的文化素质，同时也因为经常听说有村民在外打工因不识字常上当受骗，于是乡里就制定强制性措施，要求50岁以下、13岁以上的文盲必须上扫盲班。乡政府派专人进行统计，学员结业后，乡政府发

给脱盲证。[①]

西藏山南边防支队勒布边防派出所专门在勒乡一村“爱民文化活动中心”开办了“门巴族文化夜校”，由边防派出所民警和聘请来的错那县农技人员轮流授课。“文化夜校”采取课堂授课与实地讲解相结合的方式，重点讲解《高产优质茶树栽培技术》、《温室大棚菜种植》和《蕨菜加工技术》等实用农业技术。2007～2010 年，“文化夜校”先后举办了 300 多期，前来听课学习的门巴族群众达到 15 000 余人次。

夜校适应成人的不脱产教育，却不能满足对门巴族青少年进行全面教育和培养的需要。教育要上新台阶，必须要有正规的学校。从最初驻藏部队开办的扫盲班到各级政府新办的学校，从 20 世纪 80 年代开始对中小学学生实施“三包”，即包吃、包住和包学费等政策后，在西藏各民族聚居区的教学点、学校等如雨后春笋般兴起。

二、创办民族学校

20 世纪四五十年代，门巴族宗教上层中的有识之士，曾两次进行过招生办学的尝试。如罗本·白玛丹增喇嘛，早年曾在藏区的佐钦寺学习过 6 年，后又游学不丹和锡金等地，遍访名师，学成后回到家乡墨脱育贡白村，从事宗教活动。他知识渊博、阅历丰富，看到本民族青少年不懂文化、目不识丁的状况深感不安，毅然决定免费招生办学，为本民族培养有文化的后代。在乡亲们的支持下，于 20 世纪 40 年代初在育贡白村旁盖了一间木房作为教室，免费招收了育贡白村及邻近村庄的数十名孩子入学，由白玛丹增任教师，主要教授藏文和天文历算等知识。学生每日自带饭食到“学校”，学习完后便回家。白玛丹增原计划无偿教授 3 年，可是，由于封建农奴制的黑暗，繁重的乌拉差

① 门巴族山民走进扫盲班．新华每日电讯/2004 年/10 月/25 日/第 002 版．

役压得人们喘不过气来，连十来岁的孩子也不能免差役，他们无暇坚持学习，而要用自己稚嫩的肩膀去承担生活的重压，学生一天天减少，最后竟无人再学。不合理的社会制度剥夺了门巴族青少年学习的机会，门巴族历史上有识之士的学校教育梦就这样破灭了。①

民主改革后，门巴族教育在国家和政府的支持下从零起步，得到了长足的发展。通过兴办现代学校，许多门巴族子女有了上学的机会。为了发展门巴族的现代教育，国家拨出专款，在 20 世纪七八十年代，先后在门巴族聚居的错那县、墨脱县和林芝县排龙乡兴建了学校，有勒布区公办小学，排龙民族乡公办小学，墨脱县墨脱乡、背崩乡、德兴乡、加拉萨乡、旁辛乡、格当乡、达木乡等公办小学。此外，还根据当地的实际和群众的需要，在一些边远的山村以公助民办的方式办学，开办了几十所民办小学，背崩乡、勒布乡、排龙乡、德兴乡的门巴族儿童可以就近上学。在错那县、林芝县和米林县，分别兴办了初级中学，重点或定点招收门巴族学生。

勒布地区贡日乡现代意义上的学校教育始于 1968 年的民办小学，虽然当时仅有一、二年级。从 1982 年开始，西藏自治区教育局对区内中小学生原则上实行“三包”，即包吃、包住和包学费政策。1975 年，勒布地区各乡的民办小学全部合并到麻玛乡，并改为公办小学，招生范围覆盖勒布办事处所属 4 个门巴乡。20 世纪 80 年代，在援藏政策的指导下，江苏、河南、广东等内地各省先后派出师资到错那县，对包括勒布地区原民办教师在内的全县小学教师进行培训。自 1985 年开始，西藏完全小学的学生有机会去内地西藏中学上学。1998～2005 年，勒布完全小学考上内地西藏中学的学生有 5 人。

---

① 陈理明．门巴族教育刍议．中国民族教育，1994（3）．

可爱的门巴族孩子们 （庞涛摄）

1995年创办了错那县中学，在此之前，山南地区一般两个县才有一所中学。1995年西藏自治区拨款约15万元建成了勒布完全小学，完全小学有4幢平房，7位老师。学校也是隔年招生，除1996年有5个年级外，常设班级只有4个，入学率达到80%以上。学生也常有七八十人，藏语一年级开始学，三年级开始开汉语课，主课（藏语文和数学）平均分八十多分，其余科目有思想品德、自然、体育和音乐。自2002年秋季开始，三年级开始开英语课，汉语从一年级开始学。对于成绩比较优秀的学生，学校和乡政府适当地予以奖励。2010年拨款16万元进行学校维修，并修建了澡堂。在“三包”经费标准之外，自2009年始，另给包括门巴族在内的西藏人口较少民族每年12万元经费。在勒布完全小学现有的7名教师中，1名本科毕业生，3名专科毕业生，其余都是中专文化水平。为了提高教师的教学积极性，教师工资享受二类区工资标准。门巴族地区开办小学以来，培养了许多具有初等文化水平的学生。县乡各级干部中很多都是在这些学校里接受基础教育后成长起来的。

1994年秋，墨脱县在中国青少年发展基金会的帮助下，投资11万元，在德兴乡建立了“希望小学”。经过4年的努力，建立了6间教室和6间宿舍，可容纳300多名学生，过去在竹楼、土屋里上课的孩子有了条件较好的校舍。1994年秋，已有165名门巴族和珞巴族儿童在此上学，失学率高达48%的状况有望较快改变。[①] 林芝县排龙门巴民族乡，1998年在校生92人，入学率为97%。至1999年，墨脱县有小学33所，其中县完全小学1所、乡办小学7所、民办小学25所。正式教师43名、在校生1499名，适龄儿童入学率达80.44%、巩固率95%。1999年共输送县外各类学校学生34名。

西藏自治区于1988年开办了林芝民族学校，1989年9月建成招生。林芝民族学校位于尼洋河畔，占地面积2.3万平方米，建筑面积8800平方米，教学设施齐备，还配备有先进的电化教学设备。这是一所重点招收西藏自治区境内少数民族如珞巴族、门巴族、僜人和夏尔巴人等为主的专门学校。政府还对包括门巴族、珞巴族在内的少数民族学生实行免费义务教育和“三包”政策，有许多五六岁的门巴族孩子是由父母背着，跋山涉水走五六天背出墨脱到林芝求学，对文化知识的渴望可见一斑。林芝民族学校已成为门巴族民族教育结构中的一个重要组成部分，是培养门巴族学生的重要阵地。

在升学考试、内地西藏中学招生考试、招聘用工考试时，门巴族等人口较少民族以低于藏族20分的分数优先录取。据2009年统计，勒布区在校大学生共有9名。自2008年起，县财政预算错那县贫困大学生救助金为每年15万元。按照本科低保家庭2500元、大专低保家庭2000元、本科贫困家庭1000元、大专非低保家庭800元的标准一次性发放。县教育局也对大学生给予积极支持，帮助大学生向大学申请减免贫困大学生学费，对于申请助学贷款的学生，积极给予证明。

---

① 朗索曲杰．西藏门巴族和珞巴族经济和社会发展调查报告．中国人口较少民族经济和社会发展调查报告（打印稿），2001：284．

从以上门巴族教育状况来看，教育设施逐渐完善，教育水平也得到了提升。如今的勒布区，尽管教育发展仍不够成熟，教育体系却基本健全，教育效果也日益明显。勒布区有小学、错那县有中学（内地西藏中学也招收门巴族小学毕业生）、山南地区有高中、全国各地很多大学也都为门巴族学生敞开大门。适龄儿童入学率达到百分之百，基本完成九年义务教育，文盲数量日趋减少，妇女的素质、文化水平和社会地位大大提高。

门巴族、珞巴族聚居区与相邻的藏族和其他民族发展水平相比，还有很大差距，在各种制约因素中，教育更是个核心问题。门巴族教育落后、人口素质低，特别缺乏高素质人才。据2000年全国人口普查统计资料显示，门巴族15岁以上人口有0.56万人，其中文盲人口0.31万人，其比率为56.21%，其中男性成人文盲率为49.40%，女性成人文盲率为62.91%。门巴族和珞巴族过去入学率不高，巩固率就更低，而如今情况已经发生根本变化。米林县珞巴族和错那县门巴族适龄儿童入学率已连续多年保持100%，墨脱县的儿童入学率达到95%以上。根据最新统计，2010年门巴族适龄儿童入学率为98%，巩固率达到90%以上，但35～50岁的农民整体文化素质偏低，文盲半文盲占60%以上；50岁以上的门巴族文盲半文盲率达80%以上，高于全区的平均水平，这就制约了门巴族进一步掌握科技、开拓市场的能力。对门巴族而言，大力发展民族教育，提高民族人口素质，依旧任重道远。

自2000年西藏实施“兴边富民行动”以来，各级政府不断加大教育投入，大力发展民族教育，改造和新建校舍，加强教师队伍结构建设。目前，西藏边疆民族地区的各级各类学校教学条件已大为改善，墨脱的学校已经使用上了闭路电视教学系统等先进教学设施。勒布门巴族完全小学拥有宽敞明亮的教学楼和各类设施完善的教学用房，学校有科普实验室、电化教学室、图书室、音乐室和德育室。电化教学室中配有22台计算机和先进的远程教学设施，可以收看中央台和西藏台的电化教学节目，每一间教室都配有用于电化教学的电视。音乐室中配有10多台雅马哈电子琴。投资400余万元修建的更章门巴民族乡小学于2003年建成招生，该校的教学设施完善，不仅有高大明亮的教学楼和现代化的教学设备，还有篮球场和足球场等教学设施。地处偏远的错那县2002年就通过了自治区“普九”验收，墨脱县在2007年通过了自治区“普九”验收。国家通过大力发展民族教育，使门巴族的文化素质得到极大提高，不仅有了一批本民族的本科生，也有部分考取了研究生。经过近50年的发展，门巴族已经拥有一些大学生，受过大专、大学教育的人占总人口的1.55%。随着民族教育的发展，相信门巴族的文化素质和综合素质会不断提升。

三、妇女能顶半边天

党的民族政策的贯彻实施，使门巴族充分享受到了民族平等的权利。门巴族干部队伍的形成与壮大，是门巴族新生的重要标志。西藏和平解放初期，政府就十分注重在门巴族中物色和培养民族干部。从1963年开始，政府先后选拔11名门巴族青年到中央民族学院和西藏民族学院等院校学习。与此同时，通过在实践工作中的培养和锻炼，门巴族干部迅速成长起来。1959～1973年，勒布区先后培养出45名门巴族干部，这些干部分别在自治区、地、县、区、乡各级政权中担任各种职务，在不同岗位上发挥自己的才干和智慧。

截至1999年，墨脱县选派到祖国内地学习的干部多达100多人(次)，墨脱等门巴族聚居区内少数民族干部占干部总数的90%以上。根据1999～2000年国家民族事务委员会组织的我国人口较少民族调查，门巴族和珞巴族聚居地的有关单位重视少数民族干部队伍建设，

安排本民族干部到县乡村担任领导职务。如墨脱县全县有337名干部，门巴族干部为203名，占全县干部总数的70%。有大中专学历的门巴族干部有89名，占干部总数的30.5%。一支以门巴族为主体的民族干部队伍逐步形成并开始走向成熟；林芝县排龙门巴民族乡（2000年6月10日，由于易贡发生特大山体滑坡引发洪水灾害，林芝排龙门巴民族乡整体搬迁至条件较好的更章地方，更名为更章门巴民族乡）干部编制为8人，现有16人，其中本民族干部12人。积极选送少数民族干部到各级党校、行政院校学习深造；林芝地区是门巴族和珞巴族较多的地方，地区成立13年来，地委组织部、党校共办各种班31次（期），以专门培训和轮训的形式，对县、乡级干部进行轮训，培训人员达1418人（次），其中珞巴族、门巴族干部职工达162人次。对大中专院校毕业的少数民族学生，尽量按照所学专业进行对口分配。[①]

据统计，西藏自治区现有门巴族干部（包括专业技术干部）257名，其中有地专区级干部、县级干部和其他专业技术干部。从山南地区看，全地区有61名门巴族干部，其中男性37人，占60.66%，女性24人，占39.34%。县级干部4人，科级干部13人，一般干部44人。林芝地区有门巴族干部186人，其中厅级干部1人，县级干部17人，科级干部60人，一般干部108人。此外，还有部分门巴族干部在拉萨和其他地区工作。在专业技术干部中，有教师、医生、工程师、记者、编辑等。[②] 现在，以门巴族为主的少数民族干部队伍已经形成。

门巴族成为我国多民族大家庭中的一员，以平等的身份参与国家的政治生活，翻天覆地的变化使门巴族的政治心态发生了根本性的变化。格桑，西藏错那人，全国劳动模范。他1974年加入中国共产党，

---

① 朗索曲杰．西藏门巴族和珞巴族经济和社会发展调查报告．中国人口较少民族经济和社会发展调查报告（打印稿），2001：282.

② 《门巴族简史》编写组，《门巴族简史》修订本编写组．门巴族简史．民族出版社，2008：106.

1988年任错那乡党支部书记以后，坚持改革开放，利用本地半农半牧、森林资源丰富的特点，走多种经营、共同致富的道路，当年全乡人均收入即达800多元，为改变家乡贫穷落后的面貌做出了很大的贡献，1989年被国务院授予全国劳动模范称号。

美丽的门巴族女孩　（庞涛摄）

民主改革后，门巴族妇女的政治地位日益得到提高，影响着传统的婚姻家庭观念和家庭分工。传统的门巴族社会中只有极少量“粗巴”、“涅巴”等官员，均为男性。今天，从地方到全国的历届人民代表大会和政治协商会议中，都有门巴族的代表和委员。民主改革后，门巴族妇女开始在干部行列及机关单位中出现，其数量呈渐长趋势。据统计，勒布区门巴族干部现已达27名，副科级以上有9名，女干部占大多数。如措姆、白丹措姆、美朵曲珍（曾任人大代表）、仁增措姆（副处级干部，供职于西藏民族宗教委员会）、次仁白玛（麻玛村人，现任村妇女主任）、白玛央金（现供职于错那居委会）等。

其中，措姆的经历最能说明民主改革对勒布区门巴族妇女地位的影响。措姆是勒布区贡日门巴民族乡色目村人，是民主改革以后成长起来的门巴族女干部，也是门巴族第一任职位最高（副地级）的女干部，曾任西藏自治区民族与宗教事务委员会副主任。措姆是在被领主转卖的途中被解放军救下来的。1960 年她参加西藏青年参观团到北京、天津、上海参观，同年参加工作。1964 年 9 月，措姆作为门巴族代表，到北京参加第一届全国少数民族文艺会演。同年，当选第三届全国人民代表大会代表，此后连任第四、五、六届全国人大代表，两次受到毛泽东主席的接见。她曾任中国人民政治协商会议全国委员会第七、八届委员，1964 后，历任勒布区副区长、区长、山南地区行署副专员、西藏自治区妇女联合会副主任、西藏自治区人民代表大会监察委员会副主任。1984 年，任西藏自治区民族宗教委员会副主任，是门巴族女性中的杰出代表。

2011 年 3 月召开的全国人民代表大会中，西藏代表团唯一的门巴族代表，就是来自山南地区错那县麻玛乡的女副乡长白丹措姆。她出生于 1973 年 10 月，作为西藏人口较少民族门巴族的代表直接行使管理国家的权力。门巴妇女们获得了前所未有的发展机遇，社会地位日益提高。

第五章

婚姻与家庭

历史上门巴族的婚姻和家庭形式具有多样性，经历了单偶婚、招赘婚、服役婚等多种婚姻形式，主流的婚姻家庭形式仍是一夫一妻制，一夫多妻和一妻多夫的古老婚姻家庭遗俗已经消失。门巴族社会多种婚姻和家庭类型的存在与社会经济状况、传统价值观念有着重要的联系。

第一节　我的婚姻我做主

门巴族男子对恋人的表达直白而热烈，正如一首民歌所唱的那样："百颗星斗中间，唯独有金星耀眼；百个姑娘中间，唯有措姆最贤。"在不违背近亲禁止通婚的原则下，门巴族的恋爱婚姻比较自由，视男女婚恋为自由美好之事，男女成年之后就有与异性交往的权利。

一、缔结姑舅表亲

有一首门巴族的"加鲁"情歌这样唱道：

东北的山再高，
遮不住天上的太阳。

父母的权再大，
挡不住儿女选伴侣。

这首情歌反映了门巴族青年男女勇于追求美好的爱情和婚姻。一般情况下，年轻人婚姻虽由父母做主，但也要取得子女的同意。门巴族的婚姻多为一夫一妻制，没有民族的限制，不重视门弟和民族界限。亲戚之间联姻要求严格，必须出五代，或是至少出三代才能结婚，父系血亲与母系姨表亲戚之间的婚姻严格禁止。过去舅表婚和姑表婚盛行，并被视为最好的婚姻模式，成为一种习惯势力，也使不少有情人难成眷属。外甥的婚事要征求舅舅的意见，外甥女出嫁，舅父一定要陪同。若舅舅的女儿被别人娶走，则认为是姑家适龄男子无能；舅父之子也可优先娶姑家之女为妻，若不同意，舅父有权干涉，甚至没收外甥女所得的礼物，这个做法受到传统习惯的认可。

门巴一家人 （董力男摄）

姨表不婚和重视舅权，表明父权制建立以前门巴族的世系按女方计算的特点，子女与舅父的亲近程度甚至超过自己的父亲。在门隅地区的勒布，曾有妇女未生第一个孩子不落夫家的习俗，这也是母系氏族时期的一种遗风。门巴族青年男女在经过一段时间的交往后，彼此之间有合心之意就告诉父母，征得父母同意之后便请媒人说亲。媒人一般都是由能说会道、有一定威信的人充当。媒人带上礼物去女方家说亲，如果取得女方家的同意，过一段时间后男方家就准备好聘礼去正式定亲。这门婚事的成败取决于女方的父母、舅父等人，同时也要征求女儿意见。如果都同意便写下“订婚书”，定亲仪式结束。订婚后一般要一年半载才能结婚，确定婚期时，需要由喇嘛测算男女双方的生辰八字后择定结婚日期，喇嘛择定的婚期一般不能随意更改。无论娶媳还是招婿，彩礼都是不可少的。

择定婚期后，男方家人就加紧做好婚礼的准备工作，女方要把参加婚礼的主要客人的人数报知男方，以便做接待的准备。女方的主要客人有舅父、父母、姑母、哥姐等人。这些工作准备好之后，到了婚期就准时迎亲。

门巴族地区现在仍然流行姑表婚和舅表婚，但只要双方相爱，门巴族年轻人不会再顾及姑舅表优先婚配的特权，社会舆论和家庭也不会横加干涉和阻挠。虽然未婚男女都有选择自己配偶的权利，但在形式上仍保持了通过媒妁定亲的程序。如果父母不同意，就不参与儿女的婚事，由子女自己操办。当然一般情况下，为了尊重儿女的选择，父母也只好默认这桩亲事。

二、娘舅闹婚

门巴族的成婚仪式颇具戏剧性，高潮迭起。结婚一大早，新娘梳妆打扮好之后，由父母、兄弟姐妹及姑舅等亲属陪同前往夫家。送亲

队伍的顺序是：喇嘛在前，媒人随后，依次是舅父、姑父等六七人，新娘紧随其后，两位伴娘在新娘左右相随，再后是父亲和其他亲戚，最后则是背嫁妆和背酒的人。行前新娘依恋不舍地对父母表白："二老把我养大却要离开双亲，实在对不起。"娘家一般要送女儿手镯、戒指、头饰、腰带等作为陪嫁，有时还带上一两件劳动工具。因为路途遥远，道路崎岖，新郎一方早已请媒人带上几个机灵善说的人在路上等候迎亲。他们拿着竹筒酒，迎亲途中要敬女家三道酒，意为"迎接酒"。第一道酒是在离女家不远的地方，第二道是在途中，第三道是在男方家村口。

新娘进入男方家时，迎亲人唱道："儿女们有儿女的福分，我家的儿子能娶到你，这是他的福分。你从娘家来，给我们带来后代，也给我们带来好运。因为你的到来，我们的村子也有了福分。你把娘家的福分，全都带到我们的家庭。这个家就是你的家，你是这个家庭的一员，要遵守这个家庭的规矩。"

新娘进屋后，新郎家要摆酒肉和油饼款待客人。送亲人中的最尊者不是新娘的父母，而是舅父。俗话说"天上雷公，地下舅公"，届时新娘的舅舅要故意刁难新郎家，以考验男方的诚意。在举办婚礼过程中，新娘的舅舅代表父方说话，充当重要的保护人角色，是谁也惹不起的最高贵的客人。舅舅一出场，男方得赶紧恭恭敬敬地献上哈达，请入上席，然后摆上各种食品，尤其是牛、猪、羊的头、尾、耳、心、肝、肺、四肢都要摆全，缺一不可。在整个婚宴上，为显示其外甥女的完美和不容侵犯，舅父一定是沉下脸来，百般挑剔：怎么还缺什么没摆上？肉为什么切得薄厚不匀？难道我家女儿有什么缺陷？是不是认为我当舅舅的有什么不对故意怠慢？每讲一句就用拳头使劲击一下桌子，装作气急败坏的样子。即便男方家百般周到，当舅舅的也得无理取闹一番：茶为什么凉了？酒为什么热了？这样才能表现出他是女方的全权代表、最高权威，为外甥女嫁给别家男子表示“气愤”。其实这种戏剧性的挑剔，目的是考验男方的诚意。于是新郎家连连赔礼，赶紧献上哈达，重新添酒加菜，直到新娘的舅舅点头满意为止。舅舅“闹”得差不多了，也便见好就收，双方开怀畅饮。舅舅蛮横而又诙谐的表演，反倒为欢乐的婚礼增添了几分情趣和戏剧性。这种古老的舅权遗风相沿成俗，处处体现了舅父所拥有的权威和尊严。在现实生活中，并没有舅舅不让外甥女出嫁的。

婚宴上，新郎、新娘要轮流给客人敬酒，客人还要求新郎、新娘互敬对饮，并让他们当众比试谁喝得快，谁先喝完就预示着今后谁当家。酒至半酣，众人即兴唱歌起舞，尽情欢乐，通宵达旦。富裕一些的人家婚礼往往持续三四天，这对于年轻的小伙子和姑娘们来说，也是互相交往和谈情说爱的好机会。在婚礼即将结束时还会有好戏上演，新娘的亲属们挥舞着哈达，唱起短调而急促的“返回歌”，把新娘从婚礼席上抢走，新郎的亲属们也要挥舞着哈达唱着“归来歌”抢回新娘，这种一来一回的抢婚把整个婚礼推向高潮，人们在嬉笑抢闹中为婚礼画上了一个圆满的句号。现在，门巴族婚礼的繁琐礼节正日趋简化，而且宗教成分的仪礼开始淡化，但依然热闹非凡，充满情趣。

三、招赘婚与服役婚

门巴族青年男女尽管有恋爱的自由，但能否成婚还要看家庭的经济实力。在门巴族的婚姻中，“嫁”和“赘”都要交付一定的财物，作为对方丧失劳动力的补偿。在门巴族的传统观念里，“嫁”和“赘”的含义没有区别，招赘婚受到社会舆论的普遍欢迎，占门巴族婚姻的相当多数。招赘婚主要取决于两家劳动力的情况，一般都是女方没有兄弟的人家。女方家若缺乏男劳动力，婚姻的形式多以招赘婚为主。在门巴族聚居的墨脱地区，招赘婚的比例要超过门隅的勒布地区，入赘

是最受欢迎的，当地人认为这样的婚姻可以平衡一个家庭的劳动力。

在一夫一妻制家庭中，有相当数量的招赘家庭，招赘婚仪式比较简单，入赘的男子不会受到任何的社会歧视，同样也可以顶立门户、继承财产、养老送终，任一家之长，这使婚姻的经济互助功能得到了最大限度的利用。如果是招赘，由女方家请媒人提亲，提亲得到对方同意，要向媒人支付一定的报酬。结婚要付彩礼，由女方家庭主办和承担婚礼的开支。这种男方到女方家“上门”的习俗，可能是母系氏族社会以女性为中心从妻居婚姻制度的发展和演变。

在门隅北部的勒布地区，过去非婚生子女受歧视，被叫作“戚珠”。门巴语中，“戚珠”的直接意思是“小鸡”，比喻非婚生子女如同小鸡一样没有父亲。长大成人后不能同继父所生的其他子女享有同等地位，分家时由继父决定分给其家产，本人不得持有异议。大多数非婚生男子入赘其他家庭。[①]

服役婚通常存在于两种条件下：一种是男方家无力支付彩礼，婚后男方到女方家从事劳动 2～3 年，以补偿女方家因缺失劳动力而未得到补偿的状况；另一种是女方家缺乏劳动力，在双方家庭商议后，同意男方到女方家劳动 1～2 年。门巴族的招赘婚和服役婚符合婚姻的经济互助功能，它将在劳动上互为补充的两个人——男人和女人结合在一起。[②]

所谓“转房”，即兄死弟继，弟可纳其亡兄之妻。转房婚在门巴族社会中主要体现为同辈之间转房和不同辈分之间转房两种形式。同父兄弟和从兄弟之间可以转房，但必须征得女方同意。这种婚姻形式的功能在于维持原有的亲属关系，使孤儿寡母有人照顾，并保持家族财

---

① 西藏社会历史调查资料丛刊编辑组编．门巴族社会历史调查（二）．西藏人民出版社，1988：159.

② 刘庆慧等．门巴族婚俗文化特征及其与藏族婚俗的关系研究．西藏大学学报，2007（2）.

产的完整性。

门巴族过去有早婚的习俗。根据20世纪60年代的门巴族社会历史调查资料显示，门巴族结婚的平均年龄为15～18岁。在生产力极端低下的情况下，通过早婚的形式，一方面能增加家庭劳动力；另一方面，结婚年龄小，妇女的生育周期长，在家庭人口的数量和存活率上有一定的保障。也有的父母出于等级和经济方面的考虑，把年仅十二三岁的姑娘嫁给他人，这种早婚带来的离婚率也很高。

在民主改革前，勒布门巴族离婚受若干条件限制。或者由“粗巴”（税官）处理，离婚的男女双方都要受罚，或者提出离婚的一方要向对方支付大额赔偿后才能离婚；墨脱门巴族离婚和结婚一样自由，离婚的双方当事人只要不愿意再维持这个婚姻家庭，经双方协商一致就可以离婚。基本上双方都能达成离婚协议，而且离婚之后在财产的分配方面也不会发生纠纷。一般孩子的抚养是，男孩跟着父亲，女孩随母亲。不过在墨脱门巴族的婚姻里，离婚的人是很少的，主要就是因为大多数建立婚姻家庭的男女都是经过恋爱之后才结婚，这种婚姻有一定的感情基础。就像门巴族情歌唱的那样：“心中爱慕的人儿，若能百年偕老，不亚于从大海里面，采来了奇珍异宝。爱情渗入了心底，能否结成伴侣？除非死别，活着绝不分离。”墨脱门巴族女子即使离婚之后再嫁也比较自由，她可以再一次选择其他的婚姻对象而不受限制，也不受舆论谴责。

婚姻形式的变化是门巴族生活习俗变化的重要内容。过去由于无钱支付彩礼而出现的交换婚、服役婚现象早已消失，现在是结婚自由、离婚也自由，早婚现象也基本不复存在。可以说，门巴族已经实现了真正的婚恋自由。随着门巴族地区的政治、经济、文化的发展，以及全民族科学文化水平的逐步提高，门巴族的婚恋观念和礼俗发生了很大变化。主要表现为特权婚姻的消亡、婚姻仪式的简化、通婚范围的扩大、婚恋观念的更新、婚姻类型变化等。

第二节 门巴人之家

在门巴族中，传统婚姻家庭以一夫一妻制为主，兼有少量的一夫多妻制和一妻多夫制家庭，后两类家庭现在已经消失。

一、夫妻关系为中心的小家庭

汉文史籍曾记载："昔太古尝无君矣，其民众生群处，知母不知父，无亲戚兄弟男女之别，无上下长幼之道。"① 在婚姻发展史上，世界上的每一个民族都经历过一夫一妻制以前的各个婚姻发展阶段，只是发展进程有先有后、有快有慢。门巴族在封建农奴制下生活，领主的差和乌拉（徭役）大多是以户为单位摊派的，重新组合一个家庭就意味着增加差和乌拉的负担。多偶婚家庭被用来作为巩固家庭经济力量的手段，与封建农奴制的生产方式结合起来。根据墨脱县地东村 42 户的典型调查，20 世纪中期以前，门巴族主要是一夫一妻制家庭，占总户数的 85.72%；一妻多夫家庭占总户数的 9.52%；一夫多妻家庭占总户数的 4.76%。这说明一夫一妻制的个体家庭是门巴族社会的主要家庭形式，是基本的生产单位和消费单位。②

门巴族社会以一夫一妻制为主，同时兼有多夫、多妻的家庭，具有以男性为中心的封建家长制家庭的性质。一夫一妻制家庭，是单一的个体小家庭，没有几代同堂、妯娌共处的大家庭。主要原因有：一是宗教上的原因。西藏民主改革以前，门巴族家庭有两个以上儿子的

① 吕氏春秋·恃君览．

② 《门巴族简史》编写组，《门巴族简史》修订本编写组．门巴族简史．民族出版社，2008：86.

家庭，必须抽一人甚至两人当喇嘛；二是社会舆论普遍认为，一个家庭有了妯娌，就容易产生纠纷，所以，过去在门巴族中很难见到大家庭。

编席子的男主人　（旦增维色摄）

在门巴族社会中，这些多妻、多夫的婚姻家庭形式与生产生活水平低下，财产积累不易，加上劳役多、劳动力缺乏有着密切的联系。门巴族的一妻多夫与一夫多妻家庭和藏族社会中存在的多夫制和多妻制家庭基本上是相同的，它的存在有着深刻的历史、社会和文化原因。与西藏封建农奴制的典型环境有关，低下的生产力水平、与世隔绝的自然地理条件、无力防范的自然灾害、沉重的徭役负担，以及古老的道德观念，都是民主改革前门巴族这些婚姻家庭形式能够长期存在和变化迟缓的重要原因。现在，一妻多夫制和一夫多妻制家庭已经消失。

二、民族混合家庭的增长

民主改革后，门巴族渐渐打破了首选族内婚的传统，越来越多地与周边藏族、汉族和珞巴族通婚，尤其与藏族通婚已成为较为普遍的现象，并深受当地门巴族和藏族的欢迎。改革开放以后，由于门巴族聚居区交通条件的改善、人口流动的加快，门巴族与汉族、藏族和珞巴族等其他民族间往来增多，民族之间的文化交流不断深入，不同民族婚姻对象的选择范围也不断扩大。

在西藏，国家和政府在门巴族聚居区投资建设的大部分项目，都是由藏族和从全国各地前去务工和援建的汉族完成的。在墨脱村，婚配对象双方都是门巴族的约占78%，配偶是汉族的约占11%，配偶是珞巴族的约占6%，配偶是藏族的约占5%。

由于长期的交流互动，藏族和门巴族在语言、生活方式、价值观念等方面都没有多少障碍。对西藏民族学院22位门巴族大学生的一项调查显示，门巴族大学生非常赞同不同民族之间通婚。他们之间的恋爱对象双方都是门巴族的占10%，一方是藏族的占52%，一方是汉族的占38%。[①] 可见，年轻的门巴族一代对不同民族之间的通婚接纳度很高。对于一般的门巴族父母来说，如果儿女能找到本民族的对象成婚那是最好不过了，但找其他民族的人父母也能接受。

门巴族对嫁入的藏族妇女、入赘的藏族男子印象都很好，认为藏族妇女会做生意，能当家；藏族男子头脑灵活，很能干。2003年时嫁入勒布区贡日乡的藏族妇女有2人，入赘的藏族男子有1人。在贡日乡色目村，20岁以上的人口中，入赘的有13人，嫁到男方的有9人，另有1人自立门户。[②] 2007年西藏大学对贡日和麻玛乡门巴族的婚姻

① 李旺旺．墨脱门巴族文化变迁研究．西藏民族学院硕士论文，2009：45.

② 吕昭义，红梅．门巴族——西藏错那县贡日乡调查．云南大学出版社，2004：34.

家庭情况展开了调查。在接受调查的51个门巴族家庭中，均为一夫一妻家庭，夫妻双方均无亲属关系。门巴族与非门巴族组合的家庭，占总数的23.2%，门巴族与门巴族组合的家庭占76.8%。在贡日乡，配偶为藏族的家庭大都是在外乡务工或做生意时结识，或者是驻防当地的边防战士退役留在当地与本村门巴族女性组合家庭。其中，男子平均结婚年龄为24.2岁，女子平均结婚年龄为23.8岁。经自由恋爱结合比例为77.27%，由父母做主结合比例为22.73%。在接受调查的51户门巴族家庭中，其中42户为男娶妻形式，入赘婚有9例。几桩入赘婚主要是因为女方家中缺少男劳力，或因为男方是外乡人而采取了入赘婚的形式。① 一般情况下，对夫妻双方婚后居住方式并没有严格规定，往往居住在比较需要劳动力的家庭。如果双方都缺乏劳动力，就轮流在双方家庭居住；如果双方子女较多，且有条件，就另盖新房，另立门户；如果与父母感情好的，与父母同住。

据统计，2009年勒布区总人口已达669人，其中藏族有100人，门巴族实际人口数量是569人。与1990年相比，勒布区近20年来人口仅增长了17人，数量相对比较稳定。据2000年年底统计，麻玛村共有27户、107人。因竹器社解散后藏族员工的加入，到2009年年底，麻玛村人口已经增加到44户、共157人。门巴族村民仍然占大多数，表面上看其增长并不明显，所增的人口多半都是藏族，事实上，造成这种现象的原因在于人口流动。近年来，门巴族和藏族通婚的越来越多，不少外地藏族年轻人出嫁或入赘到此地，使这里藏族人口明显增多。在实际人口增长的同时，去外地上学、工作或嫁到外地的门巴人也日益增多，他们往往连户口也一起迁走，使得人口统计总数较为稳定。

---

① 刘庆慧，陈进等．门巴族婚俗文化特征及其与藏族婚俗的关系研究．西藏大学学报，2007（2）．

尤其是在中央召开第四次和第五次支援西藏工作座谈会以后，全国各省市加大了对口支援西藏的力度。随着在门巴族地区定居的藏族和流动的汉、藏族人口的不断增多，以及电视、广播等现代传媒的普及，门巴族的婚姻家庭观念和习俗越来越受到汉族、藏族的影响。在通婚范围上，门巴族和藏族、汉族通婚的家庭逐渐增长，民族混合家庭的数量也越来越多，各民族的交流也日益扩大。门巴族传统婚姻家庭在现代多元文化的冲击之下，面临着适应新社会的考验，逐渐呈现新的面貌。

第三节　热闹非凡的节日庆典

门巴族的节日主要有两大类型，一类是宗教节日，一类是岁时年节。节日庆典与门巴族的宗教信仰有着密切联系。

一、宗教节日

门巴族的宗教节日主要有曲科节、萨嘎达瓦节、主巴大法会、达旺大法会等，是门巴族节口文化的重要内容。

曲科节：在每年的六月庄稼成熟时举行。过节时人们聚集起来，举行隆重的朝拜仪式，然后在喇嘛和扎巴的带领下，背经书举经幡，围绕村庄和庄稼地转一周，祈求神灵保佑，人丁兴旺，庄稼丰收。门巴人拿出自家准备的酒饭，在地头田间载歌载舞，热烈欢庆。“曲科节”整个活动一般进行 2～3 天。

萨嘎达瓦节：相传藏传佛教的佛祖释迦牟尼诞生和圆寂的日子是藏历四月十五日，为了纪念这一天，门巴族地区的所有寺庙念经祈祷，举行各种宗教活动。到时每家都要拿出一定数量的糌粑、酥油和青稞酒，交给寺庙，寺庙的喇嘛再把糌粑做成“措”分给大家吃，众人互相敬酒吃喝。到晚上，每家房前屋后还要点酥油灯，以示庆祝，并把这一天作为进入农时的标志，从这一天开始，人们就要开始做农活了。

主巴大法会：这是墨脱最隆重的宗教节日，在丰收年的十一月至十二月间举行，历时 3～18 天不等，歉收之年不举行。人们经过一年的辛勤劳动后喜获丰收，又刚过完喜庆的新年，大家备酒备肉，踊跃参加这一难逢的宗教盛典。主巴大法会的主要活动有念经、跳神、演出宗教戏剧等。人们自备酒肉、食物，欢聚在一起，白天饮酒观看跳神表演，夜晚在野外点燃篝火，载歌载舞，欢度节日。主巴大法会的第一天，主要进行跳神舞以敬神灵的表演，如跳“德羌”和“夏瓦羌”。传说跳“德羌”有惊天地、泣鬼神的神力，跳完“德羌”后，再晴朗的天空也会乌云滚滚，天色变暗。如果舞者跳完后天气没有变化，还要重新跳一次。跳“夏瓦羌”时，舞者模拟鹿的各种动作，或轻盈跳跃，或驻足观望，形态逼真。节日第二天和第三天是表演宗教戏剧“巴多”。这个戏剧由两部分组成，第一部分是用来表现猎人捕杀小鹿、野牛、羚羊等的狩猎活动；第二部分表现猎人因杀牲造孽在地狱中受审的情形。因戏剧故事性较强，参与的人物多。除猎人表演各种舞蹈动作外，还有象舞、大鹏舞、狗熊舞、猴舞、狮舞等丰富多彩的舞蹈。

达旺大法会：在每年的藏历十一月二十九日举行，历时 3 天。节日里，人们的主要活动是跳神，这是门隅地区影响最大的宗教活动。每当这个时候，达旺寺所属各个寺庙僧人及各地僧俗群众云集达旺，观看跳神表演。在这个活动中，除宗教跳神外，还要演出门巴族传统戏剧《卓娃桑姆》和跳“牦牛舞”等，同时，还要举行一些自娱活动，如赛马、拔河、射箭等。

二、岁时年节

岁时年节主要是门巴族新年。藏历元旦是门巴族最重要的节日，

门巴语称为“洛萨”。洛萨节即藏历新年，这个节日来自藏族风俗，也是门巴族最盛大的节日。门巴族的节日与藏族相同，通用藏历。藏历正月初一至十五是门巴族最热闹的日子。新年期间，全村人聚集在一处十分宽敞的地方，一边唱歌一边跳舞，表演一种叫作“错木”的门巴戏剧。

在新年前夕，门巴族家家都要精心准备，制作叫“切玛”的五谷斗，象征过去一年的好收成，预祝新的一年再获丰收。节日期间，全家人都身着盛装，按辈分大小坐好。由长辈端着五谷斗，让每人抓点东西吃，大家互祝“扎西德勒”和“新年好”。到了初二就是亲朋互访，宾客入座后，主人会端来“切玛”，客人依次拈点糌粑面撒向空中，然后再拈点放进嘴里，寓意是丰年。之后要敬酒，客人先用无名指在酒碗中点三下，把酒弹向身后空中，然后才能饮酒。第一碗酒要三口喝完，这是表示对主人的敬重，接着再连干三碗。青稞酒度数较低，味道略甜，酒碗是小茶碗的大小，一般不会喝醉，当然现在也可以喝啤酒。若客人喝不完，就会有人站起来欢歌曼舞，热情地劝客人喝酒。客人会觉得却之不恭，不如尽兴，歌声一落，就要一饮而尽。这样大家载歌载舞，度过美好的一天。从初三开始，全村男女老少齐聚村中一块宽阔的场地联欢。舞蹈一般是男人来表演，妇女不能参加。演出从早上持续到深夜，第二天继续进行，一般持续 3～5 天。新年从除夕夜算起到正月十五才结束。

墨脱地区门巴族的新年别具一格，在一年中有两个新年，一个是元月新年，从藏历的元月一日开始，历时 2～3 天；另一个是十二月新年，十二月新年是墨脱门巴族最富特色的年节，保留着许多独特的礼俗。从藏历的十二月一日开始，历时 10～15 天。从藏历十一月便开始准备，酿酒、炸油饼、做新衣、背肉等。节前，家家户户要打扫房屋，杀牛宰羊，置办丰盛的酒菜，宴请宾客。大年初一早上鸡鸣第一遍时，

收割鸡爪谷的门巴族妇女　（董建民摄）

全家人起床穿新衣，互致新年祝福后，围坐火塘边，喝一碗用酥油、奶酪、酒和鸡蛋煮制成的饮料。天明前，食肉粥作为新年早餐。大年初一不出门，是家人欢聚的日子。从初二开始，以村寨为单位，全村人集中在一起，轮流去各家聚餐。轮转的顺序，村人在节前就已民主商定，每户负责一天，包管全村人的酒肉饭食。一些贫困人家可两家或三家联合，鳏寡孤独者则无需准备，同村人一道聚会赴宴，每户轮流招待。一般的村庄轮转一遍约需 10 天，大的村庄要转 20 多天。节日期间，人们除载歌载舞欢庆外，还举行射箭、抱石、拔河等体育竞技和游戏活动。现在墨脱门巴族也在元月过藏历新年，但仍保留着过十二月新年的习俗，而且最为隆重热烈。

“望果节”也源自藏族，流行于西藏自治区的拉萨、日喀则、山南、林芝等地。在藏语中，“望”为耕地之意，“果”为“转圈”，“望果”即为转庄稼地之意。该节日没有固定的日期，一般在谷物收成以

前，在被认为是鸟王的大雁南飞之前庆祝，约每年藏历七、八月间。具体日期随各地农事季节的变化而变化，历时 1～3 天。所以，望果节的日程都以乡为单位，根据当地的农作物成熟情况由乡民集体议定。

这个节日来自苯教，起源于雅鲁藏布江中下游河谷的农业区域，至今已有 1500 多年的历史，是藏族农民欢庆丰收的传统节日。据载，大约 5 世纪时，该地农业有了发展，出现木耕、兴修水渠和引水灌地。苯教教主建议国王布德贡杰教农民转庄稼地，乞求上天降福，保佑丰收。随着“望果节”逐步得到推广，以村为单位，由苯教巫师主持进行。过节日时，全体村民集体转庄稼地。走在最前面的是捧香和高举幡旗的人，随后是举着缠绕哈达的木棍和羊右脚的苯教巫师。村民拿着青稞穗、麦穗跟随其后逐一转村落的耕地，回到村中将谷穗插在谷仓或供在神龛上，以求“收地气”、保丰收。宁玛派兴起后，吸收了苯教的“望果节”，并加入了宁玛派的内容，在转地时念宁玛派咒语。格鲁派也接过“望果节”，又增加了举佛像、背经书的仪式。

关于“望果节”的来源，还有一个美丽动人的传说故事。

传说很早以前，在一个叫“饿死羊”的草滩上，居住着几户牧羊人，他们早上没有奶茶喝，用凉水充饥，晚上也只能有一点点肉度日子，生活很穷很苦。有一年遭大旱，草滩被太阳晒成一片焦土，牛羊断水缺草，渴死饿死的难以计数，眼看没有活路了，人们不得不拔起帐篷，离乡背井。有一位牧羊老人，他实在舍不得自己生活大半辈子的故土，就留了下来，孤零零地守护着自己的家。早上，太阳在他的祈祷中升起，晚上，在月光下，他面对神山佛地，虔诚地朝拜，他希望在神的保佑下，走到外地的乡亲们能生存下去。他多次对天起誓，时来运转之日，一定要叫家乡变好，吸引乡亲们回来，过上团圆安乐的日子。老牧人的至诚，被天上的地藏神（传说掌管人间一切的善神）

知道了，地藏神手执“梅龙”（神镜、命镜），朝地上一照，发现草原上有旱魔兴妖作怪。众生四处逃难，死的死、病的病，就像掉进了灾难的大火坑，地藏神就派身边的三位弟子降临大地，普救众生。三位弟子降临后，首先遇到这位老牧人，就问：“老人家，这里的人都到哪里去了？”老牧人说：“天无绝人之路，这里活不成了，他们妻离子散，各找自己的活路去了，有的走东，有的向西，如今很难知道他们在哪里。”三位弟子又问：“老人家，你孤独一人留在这里有啥用？”老牧人说：“有草的地方就有牛羊，有树的地方就有鸟儿，有人烟的地方就有神灵关照。我若一走，生我养我的故土，就会野兽出没，失去佛对它的保佑，就会从此荒无人烟，所以我不能走，死也死在这里。”三位弟子说：“没吃没喝，你老人家怎么活下去呢？”老牧人说：“双手就是聚宝盆，我们牧羊人，世世代代，靠一双使不烂的手，就会牛羊满山，有衣有食。天旱难挡，为了乡亲们，我日日夜夜口诵着‘喔嘛呢叭咪吽’的六字真言，心里惦记着大慈大悲的佛的尊容，难道佛爷看不见吗？”三位弟子说：“你年老体衰，无儿女无依靠，对人世还没有什么希望，我们送你到天宫在地藏神的护佑下享乐，把人间的苦难全忘了吧。”老牧人说：“人不咽气，希望不灭，我求佛的保佑，不是为自己能升天，愿死在家乡的泥土上，尸骨变成一棵大树，树上的仙桃仙果四季累累，供千万人享用，能叫乡亲们领着自己的妻子儿女，赶上自己的牛羊，两眼望着这棵大树，高高兴兴回到自己的土地上来，世世代代，安居乐业。”

三位弟子听了牧羊人的话，大发慈悲，大弟子说：“二位师弟，我奉大师地藏神的命令，来解救人间苦难，我被老牧人深深地感动了，为了表达我对大师的诚心和对众凡人的怜悯，我要化作五谷种子，你们把我撒在土里，长出五谷杂粮，供人们食用。当庄稼成熟时，众人一定会回来，你们回去向大家禀报吧。”二弟子说：“我也和师兄一样，

愿意跟着老牧人，为人间造福，师兄愿化作五谷种子，小弟就变成耕牛，日日耕作不息，让你尽快生根发芽结果，解救众人。”三弟子说：“我也接受过大师的恩典，遇水能化作蛟龙，遇到旱魔就化作取之不尽、用之不竭的河水，既然大师兄化为五谷种子，二师兄化作耕牛，我化为水，我们千万年在一起，谁也离不开谁。”老牧人听了这三位的话，急忙跪倒说：“树老难发花，人老两眼花，我没有看出三位是神，出言不恭不敬，请罪！请罪！”三位弟子说：“老人家，你算得上是佛的忠实弟子，一生为众乡亲操劳，舍己为人，功德在众人眼里闪亮，应升入天堂。”老牧人说：“三位大师，你们的所作所言，使我大彻大悟，原来佛和天神的旨意就在普度众生，解救苦难……”说罢，老牧人就在三位弟子的眼皮底下化作一棵枝繁叶茂的大果树。数日之间，上面硕果累累，香气四溢。

三位弟子眼泪汪汪地看着老人树，大弟子立即化作千万颗金灿灿的五谷种子；二弟子化作一头勤恳的耕牛，把种子一粒粒地种进泥土里；三弟子化作一条日夜滚滚不息的大河，河水浇灌着庄稼，滋润着草原，庄稼很快地成熟了。

这件事很快被逃往外地的乡亲们知道了，所有的人都回到了自己的土地上。看到供大家享用的大果树金果满枝头，看到大片大片金光灿灿成熟的庄稼，大家心里有说不出的感激。人们怀着对老牧人的思念，对三位大师的尊敬，有的口念六字真言，有的高唱赞歌，有的高举经幡，有的点燃香火，围着金果子树，围着庄稼地，绕着大河，穿过森林，走呀，走呀，不停地转来转去，说不尽老人的功德，唱不完三位大师的恩典。有人点起了大火，燃上松针柏枝，把摘下的第一个金果，把收下的第一穗青稞，放在火上，感谢地藏神，同时也祭奠老牧人和三位大师。从此以后，每到庄稼成熟的时候，村村寨寨家家户户，男女老少都自动出来，在田间地头，举行一次盛大的庆丰年、求吉祥的活动，年年岁岁，天长日久，就形成了今天古老的传统节日——“望果节”。

第四节　丧葬和禁忌

丧葬习俗可以说是一个民族文化积淀最深厚的表现。每一个民族因所处的自然环境、社会生活及宗教信仰、价值观的不同，形成具有民族特点的丧葬习俗。深山峡谷和原始丛林的生态环境形成了门巴族在生、老、病、死方面独特的习俗和禁忌。

一、复杂多样的丧葬

门巴族的丧葬表现出多样性与复杂性的特点，丧葬形式既是门巴族对尸体的处理方式，又是其灵魂崇拜和祖先崇拜的表现形式。就丧葬方式看，有土葬、水葬、火葬、天葬和崖葬，还有屋顶葬和屋底葬；有一次葬，也有二次或三次葬型的复合葬。其丧葬过程更是礼仪繁缛，活动颇多。在多种葬式中，土葬和水葬是最普遍的。对死者实行何种葬式，完全由喇嘛念经决定，可见门巴族的丧葬文化同宗教信仰有着密切的关系。门巴族丧葬的复杂性，还表现在不同地域的门巴族在看待和选择葬式上观念殊异、各有侧重。门隅的门巴族重水葬轻土葬，墨脱门巴族则轻水葬重土葬。火葬、天葬、崖葬多为富裕户、头人、喇嘛等地位较高的人所采用，屋顶葬、屋底葬仅适用于夭折的孩子。

一般情况下，如果经过巫师送鬼、请神和喇嘛念经后，病人仍不见好转的，家里人就要通知亲友前来看望。人死后立刻请喇嘛念经，并将尸体用绳子或死者腰带捆缚，呈并腿屈膝或蹲式，双手交叉胸前。男性死者左手靠胸、女性死者右手靠胸，状似胎儿，意味着死者将转世投胎。在墨脱，要为死者设一灵位，叫“米江巴”，用纸做成，上写死者的名字。较富裕的人家有人死去，还要在村边大树上挂长约两米

的白布，白布上印有经文，名叫“潘薪”。死者灵位前供米饭、菜和水果。在门隅，要供放荞面饼和青稞穗；墨脱在死者灵位前供上他们在世时的物品，如腰带、哈达、耳环、手镯等。死者生前如果抽烟，还要供上烟和烟具。人死后的第二天，全村都要停工一天，不能除草、砍树和出猎，全村人都来祭吊。尸体要在家放置 2～3 天，在此期间，请喇嘛念经作法事，择定安葬方式、出殡时辰和葬地方位，并确定背尸人和尸体出屋方向。

水葬在门隅地区很普遍，多在晚上送葬。请人将尸体背到水深流急的河段，在河边点一堆火。喇嘛诵经，然后将尸体肢解，抛入河中，肢解尸体认为有利于死者灵魂早日升天。尸体处理完毕后，死者遗留下来的衣服鞋帽由背尸人拿走。墨脱门巴族水葬的很少，只有因麻风病或其他传染病而死的人才会水葬，而且是全尸抛入江中，不肢解尸体。土葬在墨脱门巴族中比较常见，土葬无公共墓地，葬地选定后，

门巴族的丧葬仪式　（旦增维色摄）

先挖一圆形深坑，将尸体放入坑内，死者的衣物用品选择几样随葬。坑的上部盖木板，板上垫芭蕉叶，然后堆土，在四周修一竹木围栏。葬后 3 天内不能到葬地，据说怕死者的灵魂附身。实行土葬后，也有的在一年后实行二次葬，即将尸骨取出实行水葬。门隅门巴族使用土葬的范围很小，一般只限因天花、麻风等传染病死去的人。塔葬是为有社会声望的喇嘛圆寂后举行的。

门隅北部门巴族多采用天葬，天葬有固定场所，一般在村庄附近的山上。送葬之日的凌晨，亲朋好友将尸体运到天葬场，由喇嘛为死者念经超度。喇嘛圆寂后多采用火葬，认为死者的灵魂可以很快升天。因为火葬要耗费较多的油料和木柴，俗人中一般只有较为富裕的家庭才能采用。门隅北部还有崖葬，先将尸体置于木匣中，送到高山石崖下，因那里常年气温低，尸体不易腐烂，这种葬法多为喇嘛圆寂后采用，其用意是让喇嘛长眠不朽。门隅北部还有屋顶葬，多为夭折的婴幼儿使用。先用盐水将婴儿尸体洗净，放进盛有干沙的木匣内，然后将木匣盖严，置于石砌碉房屋顶的角楼上，数年后再扔到河里。屋底葬在门隅和墨脱门巴族中都存在，婴儿死亡后，墨脱门巴族用布包裹尸体，再装入剖开的大葫芦内，在屋里挖掘深坑掩埋，并压平地面，不留标记，不请喇嘛念经，不让外人知晓。

在墨脱，人死后第 7 天、第 14 天、第 21 天各念一次经，第三次念经时要将死者的灵位焚化。周年，还要举行对死者的悼念活动，亲戚朋友们带来食物，共同纪念。丧葬完毕，死者家里要根据财力给喇嘛一定数量的财物酬谢。门隅地区一般不会再有纪念活动。

丧葬习俗由于长期受到自然环境、宗教观念及社会生活的影响，在很大程度上还是保留着浓厚的传统风俗。但是有的丧葬形式已经基本消失，屋底葬已经彻底退出了门巴族丧葬的历史舞台。门巴族处理遗体及丧葬过程也发生了变化，家里有人去世，对尸体的处理方式已

经和过去完全不一样。人死后用白布包裹，但是包裹的尸体是呈卧式的，平放在床上。而且尸体一般在家里停放一天，如果是早上去世的，当天就可以出殡，如果是晚上去世的，第二天早上就出殡。尤其墨脱天气炎热，尸体放长了容易发臭，所以在不违背伦理的前提之下，墨脱门巴族都会在尸体不发臭前举行出殡仪式。

二、“屋脊神”崇拜

门巴族是一个既信鬼灵又信神佛的民族，在巫师请神驱鬼的巫术仪式和藏传佛教的祭典上，都有生殖崇拜的活动内容。生殖崇拜表达了门巴族祈盼人丁兴旺的美好愿望。尤为一提的是门巴族在修房建屋时迎“屋脊神”仪式中的生殖崇拜现象，极富特色。门巴族崇拜的“屋脊神”，是在居室屋梁上悬挂的木制的大、小不等的木杵状的器物，以保佑人丁兴旺、子孙万代，这实际上是原始的男性生殖器崇拜的反映。门巴族有一则有关生殖崇拜的神话传说，讲述的是“屋脊神”的来历。

传说很早以前，人们还像鸟兽一样居住在山洞里和树枝上。有一年，一个部落里最聪明的人盖起了第一间住房，左右邻居有的人高兴，为他祝贺；有的人却心生妒忌，还说了不少坏话。天神旺久钦波得知此事后，认为人世间刚开始修建住房，就有人说三道四，怎么能使世上的人们吉祥幸福呢？他有个特殊的儿子，这个儿子的身体是一个男性生殖器，没有身形。旺久钦波对儿子说：“你是天地间最高贵、最有力量的人，应该到人间去，把生命之力和幸福之源带给人们。你去了以后，就待在那人世间刚建起的第一幢住房脊梁上守护他们，如有灾难，记住要马上把它驱除；如有什么坏话你可以听到，就把它止住，再也不要让其他人听见。”旺久钦波的儿子遵父命来到了人间，待在那第一幢住房的脊梁上严加守护。不久，人们的怨气都消失了，妒忌的人不再妒忌，左右邻里和睦相处。建了第一幢住房的主人家也人丁兴旺起来，猪肥牛壮、五谷丰登。于是人们都纷纷效仿他盖起了房屋。从此，人们远离树枝和山洞，但是在建房子前，一定要先恭请旺久钦波的儿子来守护。为了能得到神的护佑，人们仿照旺久钦波儿子的形状，用木头做一根男性生殖器挂在屋檐上，称之为“拉钦”，即大神之意。为了讨得“拉钦”神的欢心，还特意制作两个小的生殖器挂在左右，作为“拉钦”神的佣人。从那时起，人们盖新房都要做“拉钦”神，并举行隆重的请神仪式。

门巴族每当新房竣工时，要举行迎请“屋脊神”的仪式。时至今天，勒布地区门巴族房屋仍安有“屋脊神”偶像，就是在门巴族木楼门楣上方屋檐下，山墙中柱顶端与伸出房外的屋脊梁木交接处，悬安着一个比较大而醒目的木雕男性生殖器。据介绍是为防止“奴”、“离”、“间”等女鬼夜闯住宅居室侵扰，让“屋脊神”来守护，以作镇邪驱祟。勒布门巴族还有一种与此有关的祭祀歌舞“颇章拉堆巴”，意为“贺新房”。在盖了新房后，必须请一个会演唱的长老或巫师来主持仪式。在新房坐落的地方，以及房基、墙角、四壁、门窗、屋顶等各个部位都赞颂祈祝一番，是一种集体歌舞，以唱为主，伴以动作和表演。

一般在新房修建竣工后，进行“贺新房”歌舞之前，首先要举行安装和祭祀“屋脊神”的仪式。由盖房的女主人穿上节日盛装，以腰带栓背着事先雕刻好的木质阳具，长约半米，粗圆直径 10～15 厘米。在其根部还要挂当地生产的五种粮食（青稞、小麦、荞子、鸡爪谷、玉米）的布袋子和一个装着青稞酒的小瓶子，象征两个睾丸，还挂着柏树枝或黑牛毛，以充当阴毛。阳具在过去只是用木头雕刻的，龟头形象逼真，但不上颜色。现在的青年们发挥了想象力和创造力，龟头和整个阴茎涂了红颜色，使之格外触目。同时，背着阳具的女主人还

手拿“切玛”（吉祥供盒）和酒壶。由盖房师父领着，围绕新房转三圈。然后把阳具拴上长绳子，女主人拿着绳子的另一端爬上房梁，一次又一次地慢慢地往上收拉，盖房师父领着男人们在下边随着绳子的节奏，慢慢集体念诵着、吟唱着祝祷之词，直到把阳具拉上房梁。向它献了哈达、敬了酒以后，由盖房师父将其安装到大门门楣上方的梁柱接头处。根据勒布区吉巴乡吉巴村旺堆老人口述和演唱记录的祝祷之词有如下一段：

父亲旺久钦波是慈亲天神，
儿子“屋脊上者”是创世之主。
房屋上层由人居住，
房屋下层饲养牲畜。
在上层希望多生男人，
在下层希望多生母畜。
房屋上面就叫波桑霞哇，
波桑霞哇好像经幡飞扬，
波桑霞哇好像湖水涌溢。
在“章定”之地建起骰子一般房屋。
在“辛那”之地建起龙阁一般宫殿。
四面墙壁像“墨龙”神镜一般平整，
四个房角像“接康”铃铎一般玲珑。
门槛里面像金鱼畅游一般宽敞，
门槛外面像大象横卧一般端庄。
……
人的头发像雪山一样洁白，
人的生命像山岩一样坚固。

人的世代像水流一样不断，
人的子孙像星空一样繁盛。
祈祝老人长寿百岁，
祈祝青年健壮欢乐。
祈祝牲畜繁殖昌隆，
祈祝全年庄稼丰收，
祈祝合家平安幸福，
祈祝永远吉祥如意！

东迁墨脱县的门巴族，受到珞巴族“卡让辛”崇拜的影响而有所不同。直到“文化大革命”以前，墨脱县门巴族盖房子时，先在山上用“波尔巴”树干做成一个大大的男性生殖器，专由男人在没有人的地方用绳子慢慢地从山上把它拉回来，边拉着，边念诵祈求保佑和赐福的祝辞，气氛隆重。拉到房门口时，新房的女主人要出门迎接，敬酒献礼。然后，女主人要解下自己的腰带拴在生殖器偶像上，亲自拉上楼梯，女人们敬第三道酒。再更换新腰带，把生殖器偶像拉进室内，放下，女人们再敬第三道酒。这时，女人们停立在偶像之前，请巫师向偶像陈述请它来的目的和经过。巫师祈祷完毕，把偶像挂在屋内房梁上，不再取下。有时还要悬挂两个小的，置于大的两侧。一般大的一尺多长。小的约半尺多长。[①] 近几十年来，墨脱门巴族居室结构不断的变化，带动了建房习俗观念的改变。现在新房建成后不再举行隆重的“屋脊神”仪式，生殖崇拜的观念已经渐渐淡化。

有的通往寺庙的道路两旁、新建寺院的门前也插有生殖崇拜的象征物。门巴族寺庙在竣工时，要举行隆重的迎请生殖大神的仪式。

除修建房屋迎请“屋脊神”外，在农耕生产和狩猎活动中，也常

① 于乃昌.西藏审美文化.西藏人民出版社，1989.

常伴有生殖崇拜活动。墨脱的门巴族猎人在进入猎区后，狩猎开始前需要进行一系列巫术活动，其中一项活动就是在砍倒的刺树枝旁插置木制男性生殖器，把鸡毛和鸡血涂于其上，请求“卡让辛”阻挡恶鬼，保佑猎人平安。祈祷之后，方能狩猎。在每年春播前的集体祭地仪式上，巫师要插放“卡让辛”，这是全村性的集体活动。仪式后，各家各户还需要在自己的地中举行插放“卡让辛”的活动。此外，在祭神跳鬼的宗教仪式和藏传佛教的法事活动中，也有生殖崇拜的印迹。

桑多白日寺 （卢传雄摄）

生活在深山峡谷和原始丛林中的门巴族，他们的生殖崇拜在日常生产、生活、宗教信仰等方面还有典型表现，内容丰富，涉及范围广泛，保留完整，表现形式率真淳朴。

三、禁忌习俗

门巴族围绕生、老、病、死和生产生活、婚姻家庭等方面形成了种种禁忌习俗，有的禁忌也受到藏族的影响。

有关年龄和属相方面的禁忌：门巴族认为人逢十二、二十五、三十七、四十九、六十一、七十三、八十五的年岁可能会遇上灾难，称为“嘎”，是一道道难关，要提防；门巴族生活的有些地方对男女婚配属相有忌讳，如鼠和马、牛和羊、狗和龙、猪和蛇、猴和虎等属相碰在一起的男女不能婚配。

对某些时间的禁忌：每月藏历的一、十一、二十一日，家中不能请客，也不能外出做客；二、十二、二十二日不能进行交换；三、十三、二十三日生的孩子命不好，多灾多难；四、十四、二十四日不能打仗、械斗，先动手者会失败；五、十五、二十五日，不能说亲；六、十六、二十六日，不能盖房子；七、十七、二十七日，不能结婚；八、十八、二十八日，死者不能土葬；九、十九、二十九日，不能外出办事。

有关生病的禁忌：若家里有人患病，要在门口插上有刺的树枝以示外人莫入，以免把鬼带进加重病情。即使自己家人从外边返家，也要先烧玉米面熏烟，然后再去看望病人；如果家中有两个人患病，必须隔离居住，互不见面，否则就会认为病好不了；家里若有人出远门旅行或交换，当天就不能扫地，若违反就会人畜不安，交换也不顺利。

对动物、植物的一些现象的禁忌：半夜里忌讳听见狗叫鸡叫，公鸡叫预兆不吉利，办事不顺利；野兽如果钻到住房下层的畜圈，视为凶兆，家里可能会有人死亡；蛇钻进屋里或者看见死蛇也认为是凶兆；森林中生活的鸟类突然飞到村民房顶上，家里就会有人生病；行路时听到平常很难听到的一种鸟叫，认为不吉利，办事就不顺利；看到山上突然倒树，认为家里要出事。

关于狩猎的禁忌：猎人上山时，如果有人跟踪，就会影响狩猎活动，轻则打不到野兽，重则猎手有从悬崖上掉下去的危险。因此，猎人特别痛恨跟踪的人，甚至可以用箭射他；猎人出猎前 3 天，家里不

能煮酒，外人不能进屋，实质上是猎人的打猎活动不愿受到干扰。

来客禁忌：门巴族家中来了客人，主人不能从客人面前走过，必须从客人身后绕行。晚上要等客人睡下，主人再睡。藏历十二月是墨脱门巴族隆重庆祝的节日，邻居间互相串门，但忌讳第一个访客是男性，如果是这样，那么来年母牛只生公牛，因为希望的是多生母牛。

婚礼过程中的禁忌：新娘出嫁和新郎入赘行至途中，忌讳遇上背空筐或空水筒的人。如果远远发现要回避，万一回避不及，就预示着婚后子女不能健康成长，此时背东西的人也感到不安。如果碰见背筐装满东西和竹筒装满水，那是最好的运气。迎亲人要在背东西的人颈上挂一小束锦线之类的纪念品，预示新人将来所生子女健康。

饮食禁忌：由于宗教观念不同，饮食禁忌各异。门隅地区的勒布、邦金一带的门巴族不食家里的禽畜，只用作交换，但可以吃买来的肉或是别人杀的、猎获的兽；墨脱门巴族则相反，养牛、养猪又养鸡，吃牛肉、猪肉和鸡肉，个个都是好猎手，人人吃兽肉、鱼肉和鼠肉。杀猪的当天不能吃肉，认为猪的灵魂还没有离去，须放一日才能吃。在吃饭、饮酒、喝茶时都要拿出一点或用手指弹一点出来给“鬼”吃，之后人才能吃。

有关梦的联想和解读：梦见长藤一类攀援植物，认为要与人发生纠纷；梦见太阳落山认为要杀死父母；梦见杀猪、杀牛和分肉认为要死人。

上述禁忌习俗形成于门巴族历史发展过程中的生产生活环境。有的是人们对大自然的某些特定现象缺乏认知能力的表现，有的反映了人们对某些动物和疾病的畏惧。随着时代的发展，科学文化知识的宣传和普及，门巴族与外界的联系正日益加强，不少禁忌习俗已经被打破，门巴族原有的禁忌观念正逐步淡漠。

第六章

民族经济与发展

封建农奴制度一直是阻碍门巴族社会生产力发展的桎梏，使门巴族落后的生产水平年复一年地在原有基础上重复，长期处于停滞的状态。

白鹤啊，你晶石般的眼睛，朝向门巴族的屋中央。
祝愿啊，财宝不尽，璀璨如日月辉煌。
白鹤啊，你火红的两爪，屹立在肥沃的土地上。
祝愿啊，庄稼丰收，粮食满仓。

这首门巴族民歌热烈地表达了门巴族祝愿庄稼丰收、人民富足、民族昌盛的美好愿望。直到民主改革结束了封建农奴制度，门巴族地区经济、政治、社会体制发生了根本性变化，门巴族的经济社会和生存状况才得到根本改善。

第一节　曾经饥饿的山谷

有一首门巴族民歌这样唱道，“布谷鸟叫时饿得浑身软，冬天到来

冷得缩成团”，形象地描绘了过去农奴们春耕播种时忍饥挨饿，冬天因衣衫单薄瑟瑟发抖的悲惨生活。

一、一年一次的交换

勒布是山南地区门巴族最集中的地区，主要从事农业，兼营牧业，在民主改革前的旧西藏曾被称为“饥饿的山谷”。经济发展极其缓慢，生产技术落后，耕作粗放，社会分工尚停留在原始的自然分工阶段，生产力水平低下。1951 年西藏和平解放后，党和政府十分关心门巴族的生活，在错那县的勒布门巴族村寨，大批农具、布匹、食盐及其他日用品源源不断运往这里。过去食盐是珍贵稀缺的生活必需品，现在已经不再是稀罕之物了。在新的社会环境下，门巴族生产积极性空前提高，耕作技术不断改进，耕作面积不断扩大，新式铁犁代替了木犁，改变了“火烧一片草，木叉把地撬，撒上一把种，很少再关照”的落后经营方式，粮食产量稳步上升，人均口粮也不断增加。1959 年时还需要国家供应粮食五万斤，到了 1961 年勒布区粮食实现自给，曾经“饥饿的山谷”成为历史。1980 年以来，党的农村经济政策逐步落实，实行多种形式的生产责任制，补划自留地，鼓励发展自留畜，粮食实行免征、免购，自愿议销，又提高了修路、基建和背运物资的民工工资，门巴人收入不断增加。20 世纪 90 年代以来至 21 世纪初，错那县有2/3的农户修建了新房，有的还买了手扶拖拉机，汽车和收录机等运输工具和高档商品。

自门巴族东迁墨脱后，先后受到波密土王和西藏地方政府的统治，乌拉差役十分沉重，凡领种几亩政府的份地，除交实物地租外，还要为政府背运各种从下珞渝地区收取来的货物，雅鲁藏布江大峡谷的派村就成为进出墨脱的必经之地。墨脱的门巴人和珞巴人每年都要为西藏三大领主支差，把大米、辣椒、染草之类的物资背运到派村。派村

从藤网桥到钢索桥　（旦增维色摄）

本来仅只有十多户藏民，是个宁静的村庄。但每年 7～10 月，多雄拉山口积雪融化，道路通行，进入了开山季节后，派村就像经过漫长冬眠的黑熊，突然苏醒过来，喧闹异常。墨脱每年也就只能在这短短的近 4 个月时间与外界得以沟通。在这期间，只要进入墨脱必须要在派村过夜，第二天一早起程，赶在中午一点之前翻越多雄拉山口，以免遭受瞬息万变的暴风雨雪的袭击。从墨脱出来的门巴人和珞巴人，也利用这一难得的机会，越过山口，把背来的辣椒、兽皮、染草、藤条在派村出售，换回自家一年需要的食盐和衣物等必需品。

从墨脱的地东背运物资到派村，每年至少要花几十天时间，乌拉差役来了，即使是新郎，也要背起藤筐，及时把物资运走。人们背着沉重的货物走在崎岖山路上，落崖身死的现象时有发生。一些青壮劳动力去支乌拉差役，家里的土地荒芜了，饥荒常有发生。“一年一次的交换”是一项极其繁重而又不得不进行的劳动，只有家中的强壮劳动力才能进行，以便把自己一年积存无多的辣椒、兽皮、藤条、染草和大米卖出，换取食盐、氆氇和装饰品。多数家庭一年只能进行一次外

出交换，鳏寡孤独者唯有求助亲戚朋友带些质轻而价高的土产，如辣椒等，换取日常生活不可或缺的食盐。在门巴族传统社会里，外出远行是一件很冒险的事情，许多妇女一辈子也没几次走出村子范围。即使是男子，除了给领主支差和一年一次用土特产换取食盐、氆氇和装饰品外，也很少外出。一旦外出，必是远行，道路险阻，野兽出没，常有性命之虞。因此，当村中有人外出时，在出发前夕，亲戚和邻居们会带酒前来，为其祝福。长期以来，门巴人对外出交换的人寄予厚望，若交换的人出现不幸，如遇落崖身死、河水吞噬、毒蛇咬伤、猛兽袭击，一年的食盐就无从解决。为了求取外出平安，门巴人往往以村为单位，借助集体的力量，克服途中遇到的困难，整个行程充满神秘的宗教色彩。外出交换的行程是固定的，当他们即将返家的时候，家里人要带着酿好的酒远道迎接。回家后的当晚，村人前来敬酒，祝贺平安归来。在此后的 3 天内，人们互相约请，饮酒作乐，享受着辛劳后的快乐。

在墨脱，门巴族收获的粮食除了交纳领主的差赋外，所剩无几。再加上落后的耕作方式，粮食产量非常低。如果加上经常发生的虫、兽害和塌方、泥石流等造成的损失，再加上赋税的支付和临时摊派，大多数农户每年都缺粮 2～3 个月，一年中的大部分时间靠采集野果、块根和猎狩兽肉度日，靠副业换取粮食或依赖野生淀粉植物来补充食物来源。

民主改革后，由于交通条件的制约，国家供应的大批物资不能一时全部运进墨脱县，因此，国家在波密县、米林县派区设立物资供销和运转站，保证随时供应门巴族所需要的各种物资，及时收购门巴人从山里背出的辣椒、染料、皮张、药材和竹器。国家还大力帮扶墨脱县的生产和建设，据初步统计，自 1972 年起，国家先后拨出 312 万元和10万斤粮食及其他物资，作为建设和扶贫救济的资金和物资。[①] 墨脱县由于铁制农具的广泛使用，刀耕火种不断减少，水田面积扩大。1968年全县仅有水田300亩，1999年已超过2300亩。稻谷旱、水两种稻产量从1967年的83.3万斤增加到1999年的126.8万斤，增加了52%。全县人均口粮由1973年的472斤增加到1998年854斤，增长一倍。[②] 在粮食消费的品种构成上，也发生了较大变化。民主改革前产量有限的大米几乎全部作为差赋上交领主，如今都是自己生产自己消费，已有余粮。

二、与自然生态相适应的经济体系

据统计，门巴族内部90%以上的生产和生活资料由个体家庭自给，只有食盐和质量较好的铁质工具需通过市场交换获得。在本民族内部，商品交换的比例很小，仅有少数人制作的木碗和打制的小刀具有商品交换的性质。其余产品即使有交换也仅仅是生产者之间的调剂余缺和互通有无。在本民族内部，既无商品市场，也无职业商人。

门巴族内部的交换虽不发达，但作为一个跨境民族，处于藏区与门隅、珞渝的交接部位，传统上是藏区和门、珞地区商品交易的重要地区。因此，通过从门、珞地区输入的商品或是从藏区输往门、珞地区的商品，乃至他们自己生产的产品对相邻民族或地区而言，都是缺乏的。因此，无论是墨脱门巴族还是勒布的门巴族，与相邻民族、地区甚至印度等之间的商品交换比较活跃。门巴族与相邻藏、珞等民族和地区的交换关系，仍属简单商品的交换，参加交换的门巴族既是商品的生产者，又是直接的交换人，较少有商人这一中转环节。从整个

① 朗索曲杰．西藏门巴族和珞巴族经济和社会发展调查报告．中国人口较少民族经济和社会发展调查报告（打印稿），2001.

② 同①。

门巴族聚居地看，与藏族和其他地区的商品交换，已经成为调剂余缺产品的主要渠道，是门巴族不可缺少的经济活动。通过与相邻地区的各民族的交换，既解决了门巴族生产、生活上不可缺少的粮食、食盐、毛织品、铁器等用品购买的经费来源，又找到了本民族农副产品及手工产品的推销市场，促进了自然经济条件下门巴族简单生产的发展。20世纪50年代，随着印度非法占领我国固有领土门隅和珞渝后，这种边贸基本就终止了。

门巴族世世代代是一个以农业为主体的民族，手工业仅是农业生产的副业，与相邻民族虽已发生了交换贸易关系，但自给自足的经济仍占主导地位。门隅北部的门巴族兼营牧业，墨脱的门巴族兼营狩猎和采集。手工业还没有从农业中分离出来，仅是农业生产的副业，手工业者本身大多也从事农业生产。门巴族使用的生产工具十分简陋，铁制农具很少，约有70%的土地实行刀耕火种，墨脱的稻田还使用二牛抬杠的木犁耕种。直到民主改革前，农业耕作方式还停留在刀耕火种和锄耕、木犁犁耕阶段。生产工具是铁木器并用，以木制工具为主。木犁是农业的主要农具，形状因地而异。门巴族对农田的管理是粗放的，农作物的种耕锄草一般进行1～2次，作物大多任其生长，无水利灌溉设施，施肥也较少。因为土地肥力恢复较慢，加上虫灾、兽害、水灾侵害，农作物产量一般都很低。牧业

传统的舂米方式　（旦增维色摄）

和采集野生植物是弥补粮食不足的重要手段，牦牛、犏牛是生活中不可缺少的牲畜，马和羊的数量较少。

狩猎在墨脱门巴族的经济生活中占有一定位置，一年四季都可进行，是村民的一项副业和肉食来源之一，也是经济收入的一个重要补充。善于射猎的门巴男子，平时出门都随身带着弓、箭、弩或猎枪。根据野生动物的不同习性和不同季节，看见什么打什么，猎取獐子、黑熊、野猪、野牛、岩羊、山鸡等，间或猎取虎、豹。狩猎还与夏天的刀耕火种、种地拔草、守护庄稼等生产劳动结合进行。门巴族狩猎是一种集体活动，狩猎时自愿结伙，公推首领。首先击中猎物者，在分肉时要分得双份，其余人均一份。狩猎结束后，将肉割好、烤熟背回。如果猎物很多，则在离村较近的地方点火为号，召集村民共同来接应，进村后要将多余的猎物分给村人或共同聚餐。如果在归途中遇见行人，无论相识与否，都要赠一份猎物，认为这样下次狩猎才会有好运气。猎获的贵重猎品，可交换所需物品或弥补粮食的不足，获得的兽皮、兽角、兽骨是与其他民族进行交换和向领主交纳的实物。在西藏和平解放后相当长的一段时间里，狩猎活动是无节制的，墨脱县的野生动物数量在不断减少，尤其是獐子的数量急剧减少。1996 年，墨脱县对狩猎进行严格限制，规定只允许捕猎危害庄稼的非珍稀野兽，如野猪等。禁猎以后，珍稀野生动物得到保护。

1980 年，当老一辈民族学家李坚尚等人在墨脱调查时，仍感觉墨脱与外界联系很少，基本上处于孤立状态，很多村子一年到头几乎见不到一个外来人。即使有的村子安装了小水电，政府有关部门还给每个村子赠送了半导体收音机和小广播等，但门巴人基本上仍过着传统生活，与外界基本隔绝。每当夜幕降临，不管是冬天还是盛夏，谁家做有好酒，乡亲近邻就相邀到他家，围着火塘或松明，饮酒唱歌，借

此交流和抒发情感，忘却白天的艰辛，给我们留下了那个时代的珍贵记忆。

第二节　山乡巨变

新中国成立后，门巴族政治上翻身，经济社会持续发展，人民生活得到明显改善。但是，由于历史、自然等原因，加之人口少、居住分散、弱小等诸多因素，门巴族地区社会发展水平相对较低，发展不全面、不平衡的问题更加凸显。因此，加快西藏门巴族等人口较少民族的经济文化发展，逐步实现西藏各民族的共同富裕和繁荣，对维护祖国统一，加强民族团结和边疆稳定具有重大的现实意义。

一、“兴边富民行动”带来的改变

民主改革后，门巴族翻身做主人，在党和政府引导下，积极扩大耕地面积，改进农具和耕作方法，粮食生产逐年上升。尤其自改革开放以来，中央为了进一步加快西藏的经济发展，在农牧区实行了“两个长期不变”政策（1984 年中央召开第二次西藏工作座谈会决定在西藏家庭经营责任制上实行“两个长期不变”的政策，即土地归户使用、自主经营长期不变和牲畜归户、私有私养、自主经营长期不变），特别是对边远少数民族地区实行了一系列特殊优惠政策和灵活措施，调动了广大门巴族农牧民的积极性，经济社会有了进一步发展。西藏农牧区实行“两个长期不变”政策后，门巴族地区也和其他民族地区一样，土地由群众自主经营耕种，牲畜归户，私有私养，对草场、林地的使用权逐步完善。虽然改革开放以来，各项事业有了巨大的发展和变化，但是与西藏其他地方相比，仍有不小的差距，贫困问题仍较突出。

自1994年7月，中央召开第三次西藏工作座谈会以来，错那、墨脱、米林、林芝县等门巴族聚居区下大力气改变生产生活状况，组织群众开垦宜农宜牧荒地，改造低产田，建设草场。同时，分别为门巴和珞巴民族乡、村架设高压线路，实现了用电，组织群众修路、架桥、改水。错那、林芝和米林县采取多种形式进行帮贫扶困，在门巴族人口集中的乡村选择脱贫致富的典型。为了保证边疆少数民族尽早脱贫，成立了由县委、县政府和有关部门组成的扶贫领导小组，将少数民族脱贫工作列入工作目标，脱贫工作逐渐制度化和规范化。错那、林芝和米林三县的农牧、民政、卫生等部门相继制定了机关对口制度、干部承包制度、党员联系户等制度，安排使用扶贫经费。各县财政每年都安排一定的扶贫经费，专款专用。1998年林芝县为排龙乡安排21万元扶贫经费。1999年安排5万元，已经帮助21户113人基本脱贫。自1996年以来，林芝县政府在排龙乡共投资200万元，修桥铺路，修通了80千米的乡村道路，架设了10座钢丝吊桥。

随着西部大开发战略的实施，1998年国家民族事务委员会倡议发起了“兴边富民行动”，并明确提出了以政府扶持为主，全社会参与，

门巴新居　（旦增维色摄）

依靠各民族自我发展，用10年左右时间，改善边境地区基础设施条件，提高人民生活水平，巩固和发展民族关系，实现边疆民族获得长治久安和繁荣进步。“兴边富民行动”在门巴族地区全面展开，西藏自治区党委高度重视边疆人口较少民族地区发展，明确要求从“共同团结奋斗、共同繁荣发展”的高度，以建设和谐社会和巩固边防为根本。从2000年成立“兴边富民行动”领导小组开始，实现“一年起步、三年突破、五年见成效”的目标，实施了“兴边富民行动”计划和“扶持人口较少民族地区发展规划”等政策措施。2000～2008年，错那县共实施“兴边富民行动”项目64个，总投资970.5万元。这些资金全部用在对困难群众的增收产业扶持和农村基础设施建设上，困难群众能长期受益。64个项目主要涉及道路交通、农田水利、草场围栏、畜种改良、生态保护、旅游开发和文化基础设施、农牧民安居工程等领域。2006～2008年，错那县还实施“兴边富民行动”农牧民安居工程1226户，总投资7004.32万元，受益人口4349人。

20世纪90年代以来，门巴族地区的经济社会得到了持续快速发展。1999年，勒布地区门巴族人均收入为1382元，2005年人均收入2908元，2007年人均收入3512.3元，至2010年时人均收入已达4566元。在实施“兴边富民行动”以来的10年时间里，勒布地区门巴族的人均收入数倍增长，呈现出经济发展、社会稳定、人民安居乐业的景象。

二、扶持人口较少民族政策带来的机遇

党中央、国务院以及地方政府一直重视扶持人口较少民族发展。中央实施西部大开放以来，西部地区各人口较少民族经济社会也取得了长足发展。门巴族作为西藏人口较少民族，同时又是跨境民族，虽有几万的人口数量，但由于历史原因，在我国实际控制线内，呈现出

人口数量少、居住偏远和较为分散的特点。

西藏的门巴族和珞巴族属我国人口在10万以下的人口较少民族。1999～2000年，由国家民族事务委员会组织的我国人口较少民族调查课题组，在门巴族和珞巴族居住区调研时指出，绝大多数门巴族和珞巴族聚居区信息闭塞，人民生活依然十分贫困，经济发展速度相对缓慢，仍是现代化意义上的信息和经济的死角。因此，在经济建设资金和提供优惠政策方面，需要有更多的投入和倾斜，体现党和政府一贯对边疆少数民族给予的广泛关注和大力支持。①

随着胡锦涛、温家宝等国家领导人做出要求加快人口较少民族发展的重要批示，自2005年开始，国家将扶持人口较少民族发展进行单独规划，人口较少民族的经济社会发展取得突破性进展。2005年，根据国家民族事务委员会和国家发展和改革委员会等五部委制定的《扶持人口较少民族发展规划（2005～2010）》，西藏自治区制定了《西藏自治区扶持人口较少民族专项建设规划（2006～2010）》，成为近几年推动西藏人口较少民族快速发展的重要纲领性文件。国家和西藏自治区各级政府不断加大对门巴族、珞巴族的扶持力度，门巴族、珞巴族经济社会迎来发展黄金时期。

“兴边富民行动”和《西藏自治区扶持人口较少民族专项建设规划》的实施，极大地促进了西藏门巴族等人口较少民族居住区的发展。自2000年以来，投入近2亿元，实施了300多项项目，极大地改善了人口较少民族地区的基础设施、公共服务和生产生活环境。2011年6月，集中和综合了我国几十年扶持人口较少民族实践经验的纲领性文件《扶持人口较少民族发展规划（2011～2015）》出台，标志着党中央、国务院从更高和更深层面加大力度帮助人口较少民族加快发展步

---

① 朗索曲杰．西藏门巴族和珞巴族经济和社会发展调查报告．中国人口较少民族经济和社会发展调查报告（打印稿），2001：280．

伐，走上共同富裕道路，进一步维护边疆稳定，实现各民族的共同繁荣发展。

在西藏人口较少民族的发展过程中，援藏力量也发挥着重要作用。在计划经济时期，西藏的物资供应中，粮食靠四川、陕西、河北、北京等省、市，日用消费品靠上海、天津等城市。即使现在，西藏市场上的工业品和生活消费品仍有90％靠内地调入。

尤其是自中央召开第四次和第五次对口支援西藏工作座谈会以来，全国各省市加大了对口支援西藏的力度。现在，西藏门巴族、珞巴族等人口较少民族分布的各县都有相应的对口援助单位。如林芝地区的察隅和林芝两县有广东省的对口支援，墨脱县有深圳市的对口支援，山南地区的错那县有安徽省对口支援，山南地区的隆子县有湖南省对口支援。对口援助涵盖了大量资金和项目，涉及新农村建设、产业扶持、基础设施建设、文化、教育、卫生、扶贫、人才培训和党建等十多个领域。各对口省、市对门巴族、珞巴族等聚居区的经济发展与转型、对当地群众经济社会发展的支持是不可或缺的。

2010年1月18～20日，中央召开了第五次西藏工作座谈会。会上提出“推进西藏跨越式发展，要更加注重改善农牧民生产生活条件，更加注重经济社会协调发展，更加注重增强自我发展能力，更加注重提高基本公共服务和均等化水平，更加注重保护高原生态环境，更加注重扩大同内地的交流合作，更加注重建立促进经济社会发展的体制机制，实现经济增长、生活宽裕、生态良好、社会稳定、文明进步的统一，使西藏成为重要的国家安全屏障、重要的生态安全屏障、重要的战略资源储备基地，重要的高原特色农产品基地，重要的中华民族特色文化保护基地，重要的世界旅游目的地”的总体要求，极大地鼓舞了西藏各族人民。西藏作为欠发达的边疆民族地区，深入贯彻落实党中央、国务院关于扶持人口较少民族加快发展的重大决策部署，采取特殊政策措施，集中力量帮助这些民族加快发展，走上共同富裕的道路，对于全面建成小康社会和促进各民族共同繁荣发展，以及维护边界稳定和构建和谐社会具有特殊重要意义。

第三节 白鹤飞翔

门巴族有很多民歌表达了对家乡的热爱、对美好生活的向往和祈盼，《白鹤歌》就是其中的一首。

白鹤啊，你华贵的头颅，高枕那耸立的雪山。
祝愿啊，崇高的人类，比雪峰雄伟。

这首民歌感情真挚，热情豪放，把家乡比喻为一只从九天降落的白鹤。现在，这只白鹤正在喜马拉雅丛林的深山峡谷之中展翅飞翔。

一、走出“高原孤岛”

同藏族相比，生活在西藏边陲的门巴族和珞巴族一直很少为外界所知。墨脱县是门巴族的主要聚居地，交通极其闭塞，曾与外界几乎处于隔绝状态。长期以来，墨脱县的各项事业受交通不便、信息闭塞的严重制约，墨脱交通已经成为一个世纪难题。墨脱县的交通建设始于 1951 年西藏和平解放之后，在当地政府和驻军的领导和实施下，墨脱县通往县外的公路和县域内的乡村道路以及路桥建设逐步展开。

在墨脱县的驻藏部队与墨脱县各族群众一起分段修筑了从派乡经波密、马尼翁、背崩至墨脱村（县委户所在地）的马行道，在墨脱县境内的雅鲁藏布江及其支流上架设了四座钢索吊桥，桥面铺木板，可以过人和牲畜。修路部队和当地门巴族以顽强的意志克服重重困难，

对旧日的马行道进行了加宽或改线，又架设了多座钢索吊桥。把原有的藤溜索换成了钢丝绳，藤网桥的两股藤绳换成了钢丝绳，这就大大增强了桥的牢固性，保障了过往行人的安全。从 20 世纪 60 年代开始，国家决定修建墨脱公路。波密—墨脱公路，又称扎—墨公路，是从林芝地区波密县政府户所在地扎木镇起至墨脱县修筑的一条公路。途中要翻过海拔 4200 多米的嘎隆拉雪山，山口为波密县与墨脱县分界处，全长 142 公里，1975 年 7 月破土动工，成为当时有史以来规模最大、耗时最长、投入人、财、物最多的筑路工程。国家先后投入了 2000 多万元，修筑了 80 公里的简易路段，但由于暴雨和泥石流灾害频繁，修路曾一度被迫中止。

扎墨公路上的墨脱县米日村　（董力男摄）

1980 年通往墨脱的公路已经修了 80 千米，从 1989 年开始，国家又投入 3000 多万元，修复遭毁损的路段，续建波密到墨脱 80～141.4 公里路段。经过几年的重新修筑，1993 年 9 月 25 日，林芝地区交通局波—墨公路建设指挥部的一辆三菱轿车开进了墨脱县政府，这是墨脱有史以来第一次“驶入”的机动车，是靠人力连推带拉才开进来的。此后直到2000年，再没有汽车开进来。1994年2月1日墨脱实现了分季分段初通，但当年9月13日，一场特大山洪和泥石流又将公路摧毁。由于墨脱复杂的地质地况原因，这条公路时断时通，整治与维护成本极大。墨脱与外界的联系仍靠徒步数日翻越喜马拉雅山口，货物运输仍主要靠人工背运，墨脱的交通问题仍未得到根本解决。1995年，国家投入2000万元整治波密至墨脱的公路，于1997年结束，但因地质构造复杂，全部公路被水冲毁。1995年总投资达190万元的德兴吊桥竣工交付使用。1998年年底，西藏自治区交通厅拨付15万元维修墨脱县骡马驿道。2000年墨脱县遭受特大洪灾，波—墨公路又一次遭受惨重破坏。其后几年为保障部分路段的通行，墨脱县每年筹集资金100万元，组织力量进行维修。

墨脱的交通问题，始终是一个困扰墨脱经济社会发展的重大问题，修建墨脱长年通车的公路，成为墨脱人民期盼的“第二次解放”。不彻底解决这个制约墨脱发展的瓶颈问题，墨脱社会发展中的其他问题将难以得到解决。为此，国家有关部委和西藏自治区组织力量联合攻关，加强了对墨脱、察隅等地处喜马拉雅山东段泥石流、塌方等地质灾害多发区域的公路建设力度，国家还把墨脱公路的修建列入了“十一五”规划。2008年10月，国务院召开常务会议批准了墨脱公路修建规划，决定投入9.5亿元，计划3年内修通墨脱公路。2010年12月15日10时，中国最后一条通县公路——西藏自治区墨脱公路的关键工程；嘎隆拉隧道爆破成功，耗时24个月，全长3310米的隧道全部贯通。2013年10月31日，墨脱公路正式通车。墨脱公路的成功修建与正式通车，使千百年来作为“高原孤岛”和“中国唯一不通公路县”墨脱的封闭历史宣告结束。交通条件的改进有力地推动了墨脱经济社会发展，扩大了对外交流。

一直以来，崇山峻岭、万千沟壑没有阻断党和政府及各民族人民对门巴族的亲切关怀和大力支持。早在10年前，“高原孤岛”的墨脱县邮电通信事业就有了较快发展，结束了没有电话的历史。1994年安装了最先进的卫星通信设备，50门程控电话交换机开通，有3条国内直拨长途线。到1999年共安装小型电站20座，发电量约88千瓦，解决了20个村2000多人口的照明和生活用电，结束了用油松和酥油照明的历史。电视广播、程控电话、移动通信和网络信息等现代通信方式和技术也得到较快发展，墨脱县如今可以收听收看调频广播节目和有线电视节目。在邮政建设方面，除墨脱县外，其他门巴族等人口较少民族聚居区早已通邮，墨脱由于条件限制一直是实行邮电分营。2008年,墨脱县邮政局正式开业，可以开展电子汇兑、函件、包裹、报刊订阅等邮政业务。至此，墨脱县终于结束了没有正式邮政局的历史。素有“高原孤岛”之称的墨脱县终于架起了通往外界的空中信息金桥，当地人不仅可以从电视上看到外面精彩的世界，还可以用互联网与亲朋好友交流，获得大山外面的更多信息，了解国内外的新形势。

与此同时，民族团结的力量有力地推动着墨脱县经济社会不断向前发展。目前墨脱县国内生产总值已达7600万元，财政收入已近300万元，群众人均纯收入达3000多元。在全国人民特别是广东、福建两省的无私援助下，墨脱县已结束了有县无城的历史。内地商家开始源源不断地来到墨脱开商店、做生意、发展种植养殖业。他们的到来既给墨脱带来了新思想、新观念、新的种养技术，又活跃了墨脱县的市场，扩大了墨脱的影响。

门隅过去是我国与印度、不丹交通往来的必经之地，原先只有崎岖的马道通行。1959年西藏民主改革后，首先修通了从西藏山南地区到西藏腹地错那县勒布区的公路，密切了门隅北部门巴族地区与西藏

绿色掩映下的墨脱县城 （庞涛摄）

腹心地区的交往。但是，林芝和山南两地很多村庄交通等级属于等外公路或边防简易公路，有些公路段，如波密、察隅县内的路段地质灾害频繁，泥石流、塌方、小型滑坡等灾害频发。勒布区 4 个门巴族民族乡路段通行能力也很差。2005 年，林芝县和米林县门巴族聚居区沥青等级公路基本实现全覆盖。各村社的公路与 318 国道和 306 国道联网，通向四面八方，林芝机场也在这个区域范围。截至 2009 年，林芝和山南两地基本实现了县县有公路、乡乡通公路、80％的行政村通公路的目标。并且已经开始规划拉萨到林芝地区的火车道路建设，国家投入两亿元开始建设从错那通往勒布的道路，改造与铺油路工程基本完工。现在，勒布门巴族已经可以方便地使用程控电话、手机和网络，有力推动了当地经济社会发展。林芝县的更章门巴民族乡 2009 年村里就借助“村村通”工程，完成了卫星电视信号全覆盖，能收到 54 个高清卫视频道。门巴族聚居区的交通和通信条件早已今非昔比，越来越多的门巴人走出村寨，走向外面的世界。

二、调整经济结构，发展特色产业

在勒布地区的娘江曲河谷，山高林密，谷深河急，有数十处高山牧场，形成了当地门巴族以高山农牧业为主的生产生活方式。门巴族中没有专门以牧业为生的牧民，牧业从属于农业。虽然如此，但对勒布区的门巴族来说，牧业却是一项重要的生产活动，在经济生活中占有一定地位。山南勒布区 4 个门巴民族乡耕地少，在民主改革前的旧西藏是有名的“饥饿的山谷”。20 世纪七八十年代，勒布区所辖的吉巴乡和贡日乡政府，对当地荒地组织实施了较大规模开发开垦。因此这两个乡在四个乡中可耕地面积较多，人均耕地约两亩以上，而麻玛乡和勒乡人均耕地则不足 1 亩。

总体上，门巴族的收入渠道仍然比较单一，副业生产规模相对很小，难以形成规模效益。就墨脱门巴族的狩猎活动而言，如今随着国家禁猎政策的实施，狩猎生产已经消失。墨脱由于自然环境属亚热带气候和高山峡谷地貌，缺乏草场，大头牲畜较少，饲养猪、鸡较为普遍，但品种不佳，出栏率只能满足家庭的最低需求。墨脱县和勒布地区的门巴族都不养羊。墨脱县由于耕地面积小，无法解决当地人的口粮，当地居民在一些杂草树木丛生的山麓坡脚地采用刀耕火种的耕作方式，种植玉米、鸡爪谷等谷物。这种耕地 50％以上保留着原坡形态，约占总耕地面积的 2/3。由于墨脱和山南勒布门巴族聚居区耕地严重不足，必须因地制宜发展其他副业来补充生活必需品。

改革开放后，尤其是实行联产承包责任制后，随着个体经济的发展，单一的农牧经济结构和自然经济状况开始改变。勒布区拥有丰富的森林、草场等珍贵的资源，20 世纪 90 年代以前，林业收入在勒布占有很大比重，随着国家对森林资源保护力度的加大，林业在经济收入中所占比重大大下降。在大力发展农田水利建设的同时，充分发挥勒布丰富的自然资源优势，采集野生植物和药材成为门巴族一项重要的副业生产。门巴族聚居区野生植物种类繁多，特别是墨脱县内，各种菌类以及高等植物有3000多种，国家珍稀植物21种，很多植物具有药物价值，其中黄连、灵芝、长寿果等较多输出，茜草输出最多。茜草既是一种药用植物，也是天然野生植物红色染料。墨脱门巴族每年都要大量采集茜草运往藏区进行交换。当地门巴族的长袖服饰以及藏族长袍服饰，特别是僧尼服饰的主要染料材料就是茜草。2010年，勒布区在县政府的帮助下，开始种植起了天麻。

墨脱门巴族种植的香蕉　（张江华摄）

勒布区从1971年开始建设茶场，2005年错那县对勒布茶厂成功进行了体制改革，形成了“公司＋农户”的经营模式，生产出了高品味、高质量的绿茶。现在，已经建起了茶叶种植基地，勒布区坡地茶场已经发展到283亩，全乡人均1.5亩，每户将增加上千元收入。此外，门巴族聚居区出现了一批有影响力的民营企业和个体工商户。

近几年来，门巴族兴起蔬菜种植业生产。林芝、山南等藏南谷地的野生蕨菜资源很丰富，蕨菜市场行业看好这一资源优势。安徽省援助勒布60万元建成了一个勒布蕨菜加工厂。2007年以来，勒布蕨菜已经上市10多万公斤，增收40多万元，山南勒布区发展蔬菜种植业已经初具规模。南伊和勒布不断扩大蕨菜加工厂，建设食用菌培

育基地。目前，整个勒布河谷已经发展了 20 多座蔬菜大棚，除去自给自足外，年创收 10 多万元。草莓试种已经获得成功，当地规划生产出新鲜蔬菜和草莓销往临近县乡和泽当镇等市场上出售。2010 年勒布办事处的农村经济总收入达到 538.88 万元，农牧民人均纯收入 4566 元。

原林芝县排龙门巴民族乡于 2000 年从雅鲁藏布江大峡谷搬到更章后，受地理环境限制，每户只能分到 0.7 亩地。出于对环境的保护，从 2010 年开始，乡里对放牧的区域进行了限制，原先以农牧经济为主的生产模式已经行不通。现在，挖虫草和跑运输成了更章门巴人新的挣钱途径。外地人来村里收购虫草，一斤能卖到 3 万多元，每年六七月份，村里有一多半的青壮年劳力都会到远处的大山里挖虫草。虽然地少了，但大家的收入却提高了，以白玛店村为例，他们在搬迁之前，每年的人均收入只有 1000 多元，而现在的人均年收入达到了 6000 多元。

林芝和山南地区门巴族的旅游业起步于 20 世纪 90 年代，经过 20 多年的发展和建设，呈现出蒸蒸日上的态势。门巴族居住区旅游资源开发前景广阔，当前要进一步加大历史古迹、宗教文化旅游产品的开放。充分利用墨脱已经打通冈拉隧道的契机，逐步在墨脱县建立公路网等基础设施建设，为今后旅游产业的发展奠定基础。墨脱可以说是西藏最具挑战性和最有吸引力的旅游地区之一，通过做大做强当地文化旅游和生态旅游产业，加快旅游资源的开发。

当前，西藏门巴族等人口较少民族聚居区开发的旅游业主要以秀丽的自然风光为主，可以充分利用当地自然生态资源，开发以欣赏大自然风光、了解生态知识、藏医药材知识、地质结构知识等内容的科普教育，或以探险、研究生态科学为主要内容的旅游项目，以及南迦巴瓦峰、德拉山等著名山峰的登山旅游项目，以雅江中游、南伊河等河流漂流为主题的各种高原探险旅游。2002 年，林芝地区举办了首届杜鹃花旅游节，墨脱县组织了一批藤、竹手工艺产品和石锅向观众推介，都受到热烈欢迎。2010 年，错那县勒布办事处为了让门巴族群众“钱袋子”鼓起来，凭借门巴民俗文化等独特的旅游资源，积极引导门巴族群众参与旅游纪念品手工制作，使部分群众吃上了“旅游饭”。

美丽的墨脱乡村　（旦增维色摄）

三、木碗生辉

在门巴族经济生活中享誉四方的是他们的家庭手工业。门巴族地区有十分丰富的竹木资源，门巴人擅长竹篾藤条的编织工艺，竹方盒、藤背篓、竹筐等制品坚固耐用、工艺精美。特别是他们制作的传统手工艺品木碗，更是别具一格，夺目生辉。在西藏各民族中，门巴族从事的手工业种类很多，影响也很大，但多数手工业还没有从农业中分离出来，基本上是利用农闲进行的家庭副业。门巴族的木碗制作业已

经发展成为独立的行业，但规模尚小，工艺还较为原始。木碗的品种多，需求量大，是门巴族和藏族农牧民最喜爱的饮食器具，具有花纹漂亮、结实耐用、便于携带等特点，深受人们的喜爱，在西藏乃至国外享有盛誉。

关于木碗的来历，有一个有趣的传说：很早以前，藏区的人都使用泥碗。有一天，一位门巴木匠去森林伐木，不小心将泥碗砸碎了，聪明的木匠临时加工了一只大木勺用来吃喝。后来，人们都觉得这木勺轻便、耐用，逐渐将其改进成木碗，并广泛使用。

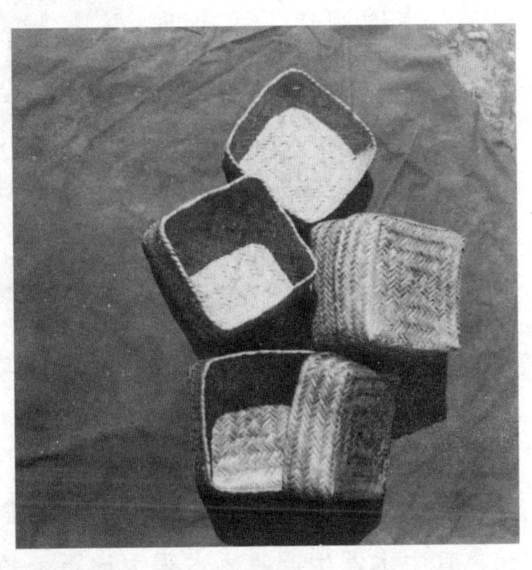

墨脱门巴族制作的竹方盒　（张江华摄）

制作木碗是一项细致的劳动，要选用质地坚硬的桐树、桑树或桦树的树干、树节或树疙瘩做原料，经过切削刮制而成。精细的木碗，要经过五六道工序，纹路清晰，厚薄均匀，再涂上鲜红的染料，令人爱不释手。据说用这种木碗喝酥油茶，茶的香气浓郁扑鼻。门巴族老艺人噶尔拜·白马制作的木碗，曾在西藏遐迩闻名。珍贵树种加上手工工艺精致、花纹上等的木碗是高级手工艺品，一个木碗少则200～300元，多则4000～6000元。门巴族的木碗集市上，这种小巧玲珑的木碗，常被外地人带回家乡，作为工艺品珍藏。

勒布区在1971年成立竹木器生产合作社，使门巴族这一传统手工业走上了专业化和集团化的道路。现在能生产各类竹器和木器上百个品种，远销山南、拉萨和其他藏区。麻玛乡更是成了远近闻名的木碗之乡。随着时代的发展和需求，木碗制作工艺不断改进，制作效率日益提高。如今，木碗制作已经成为勒布和墨脱门巴族人致富创收的一条重要途径，濒于失传的木碗技术得以传承和发展。麻玛乡每年12月份集中组织本地生产的木器等土特产，参加在山南泽当举行的物交会，已经发展成为当地群众喜闻乐见的一项活动。2009年全乡人均收入达到了4000余元，其中木器生产收入占很大比重。竹器编织在墨脱门巴族中非常普遍，种类繁多，有筐、篓、席、筛、盒、桶、碗、勺等。当地生产的“邦穷”，是一种圆形竹盒，在西藏享有盛誉，为该地重要的手工艺品。墨脱盛产藤条，墨脱门巴族在生产竹器的同时，也编制藤器，如藤背篓、藤绳等。这些竹器和藤器，有不同的规格和品级，在藏区也广泛使用。近年来，墨脱县门巴族竹编合作社的企业组织、合作组织也不断涌现。

错那门巴族工匠在制作木碗　（刘芳贤摄）

千百年来，在喜马拉雅群山峡谷的“隐藏的乐园”，在迷人的“莲花圣地”，门巴族在艰难的生存环境中创造了人与自然和谐共处的生态环境。当今经济全球化浪潮的推动，使生活在喜马拉雅山区原本封闭的门巴族社会与外界的交流愈加频繁。伴随着社会生产力的迅速发展，全民族科学文化水平的不断提高，特别是交通条件的改善和对外联系

错那门巴族制作的各种木碗　（李坚尚摄）

的扩大，大大增加了门巴人与外界社会和其他民族尤其是藏族、汉族联系的机会。现代文明正猛烈地冲击着边疆跨境民族古老的传统文化，原本深藏于深山峡谷之中的门巴族文化正揭开神秘的面纱，被越来越多的人所熟知。逐渐走出山谷的门巴族人民也在把凝聚祖先无尽智慧结晶的古老文化不断发扬光大，正如这首门巴族民歌所唱的那样：

白鹤啊，你行云般的尾尖，
伸向那奔腾的娘江水。
祝愿啊，门巴族昌盛，绵延似江河水长。

参考文献

1. 西藏社会历史调查资料丛刊编辑组编．门巴族社会历史调查（一）．西藏人民出版社，1987

2. 西藏社会历史调查资料丛刊编辑组编．门巴族社会历史调查（二）．西藏人民出版社，1988

3. 于乃昌．西藏审美文化．西藏人民出版社，1989

4. 关东升．中国民族文化大观·藏族、门巴族、珞巴族．中国大百科全书出版社，1995

5. 李坚尚．喜马拉雅寻觅．山东画报出版社，1999

6. 中国人口较少民族经济和社会发展调查报告（打印稿），2001

7. 陈立明．走入喜马拉雅丛林：西藏门巴族、珞巴族文化之旅．中国藏学出版社，2002

8. 吕昭义，红梅．门巴族——西藏错那县贡日乡调查．云南大学出版社，2004

9. 张江华，揣振宇，陈景源．雅鲁藏布江大峡谷生态环境与民族文化考察记．中国藏学出版社，2007

10.《门巴族简史》编写组，《门巴族简史》修订本编写组．门巴族简史．民族出版社，2008

后记

当手中的笔放下的那一刹那，我的藏南群山峡谷的旅程也暂告一段落了，但思绪似乎还在喜马拉雅山脉飘荡。耳边好像又响起了门巴族那嘹亮的仓央嘉措情歌，犹如青藏高原上清晨盛开的杜鹃花，充满浓浓的爱意。在喜马拉雅群山峡谷的“隐蔽乐园”，在迷人的“莲花圣地”，我和门巴族的兄弟姐妹们一起爬天梯、飞溜索、穿藤网，走过猴子攀爬的小道，品味鲜美可口的石锅饭菜，身着披挂小牛皮的传统服饰，跳起祭祀祖先和神灵的舞蹈，吹起那动听的“里令”，欣赏充满原生态的门巴戏剧……这一切深深地印在我脑海里，久久不能散去。

门巴族属于我国人口较少民族，具有悠久的历史和灿烂的文化。千百年来，门巴族在艰难的生存环境中创造了人与自然和谐共处的生态环境，走出了曾经饥饿的山谷，演绎着新时代的门巴传奇。随着交通条件的改善，对外联系的扩大，现代文明正猛烈地冲击着门巴族古老的传统文化。如何在提高生产生活水平的同时，传承和发扬本民族优秀的传统文化，已经成为门巴族这样人口较少民族必须应对的严峻挑战。

写作过程可以说非常艰难。我国实际控制线内的门巴族人口少，居住分散，交通极其偏远艰险，可以借鉴的文字资料很有限。在此非常感谢中国社会科学院民族学与人类学研究所的老一辈民族学家李坚尚先生，他是早期研究门巴族和珞巴族的专家之一。他从20世纪70年代开始便深入门巴族和珞巴族地区，经历了常人难以想象的艰险，把生活在西藏边远地区的门巴族和珞巴族的生活图景展现给我们，留下丰富的成果，也为后人的调查研究打下了基础。当我请求李先生为本书稿提供一些图片时，他立即欣然应允，不厌其烦地从压箱底的照片中一张张地找出门巴族和珞巴族的老照片，并一一归类，详细标注，老一辈学者提携后学和一丝不苟的精神令我感动不已。

我还要感谢中国社会科学院民族学与人类学研究所的张江华先生、陈乃文女士、庞涛先生，以及西藏林芝地委组织部的旦增维色先生、中央党校的徐平教授，他们或是提供了珍藏的照片，或是对书稿的写作提出了宝贵建议，或是提供了材料和其他诸多帮助。在写作过程中，本书重点参考了李坚尚先生的《喜马拉雅寻觅》、陈立明先生的《走入喜马拉雅丛林》，以及云南大学中国民族村寨调查丛书系列中的《门巴族》，在此表示衷心感谢和崇高的敬意。

感谢中国人口出版社给我提供了这次机会。我要特别感谢邱立副总编、责任编辑何军以及美编等工作人员，这是一支勤奋敬业的团队，他们为本书的出版做了大量的工作。另外，广州集成图像有限公司也提供了部分图片。因作者水平有限，加之时间仓促，书稿难免存有遗憾和不足，不当之处恳请读者批评指正。

随着西藏交通条件的日益改善，生活在雅鲁藏布江大峡谷的门巴族已经不是那么遥远，期望能有越来越多的人，进一步关注生活在那里的门巴族，去体味自然和人文之美。

作者

2013年5月